„SCHÜTZEN"

Hans Jürgen Raabe

Köhnlechners Krebs-Diät

Mit Fotos von
Marlen Unger

Verlag PETER ERD · München

2. Auflage
Umschlaggestaltung: Gabriele Feigl
Lektorat: Hans Freundl

Printed in Austria
ISBN 3-8138-0178-0

Inhalt

Vorwort

Meine Krebs-Diät hat schon vielen Menschen geholfen. Und es gibt auch Patienten, die mit der Diät den Krebs besiegt haben. Ich sage aber trotzdem:

Erwarten Sie von dieser Diät keine Wunder. Denken Sie nicht, Sie müßten nur ein paar Tage lang von diesem Obst oder von jenem Gemüse essen, um den Krebs loszuwerden, um sich vor Krebs sicher zu schützen.

Gesundheit kann man nicht kaufen. Krankheit ist nicht bezahlbar. In diesem Buch finden Sie sehr viele Rezepte. Aber Sie werden kein Patentrezept gegen den Krebs finden. Weil es kein Patentrezept gegen den Krebs gibt.

Doch es gibt einen direkten Zusammenhang zwischen Krebs und Ernährung. Einige Wissenschaftler meinen, daß 70 Prozent aller Krebserkrankungen auf falsche Ernährung zurückzuführen sind. Andere Wissenschaftler glauben, daß jeder dritte Krebsfall durch falsche Ernährung ausgelöst wird. Ich meine: Wenn auch nur ein einziger Mensch Krebs bekommt, weil er sich falsch ernährt, dann muß man sich bei der Krebsbekämpfung mehr und stärker als bisher um die Ernährung kümmern.

In diesem Buch geht es nicht nur um Rezepte und Kochanleitungen, sondern auch darum, was Krebs überhaupt ist. Was Krebs auslösen kann. Welche Rolle dabei neben der Ernährung die Psyche spielt. Und schließlich geht es auch darum, wie man sich im täglichen Leben vor Krebs schützen kann.

Krebs ist keine Krankheit, die nur eine Ursache hat, sondern eine Krankheit mit vielen Faktoren. Ernährung ist ein Faktor.

Mit diesem Buch bekommen Sie die Möglichkeit, diesen Faktor bei der Krebsbekämpfung und bei der Krebs-Vorbeugung positiv beeinflussen zu können. Sie selbst können mit der Ernährung etwas gegen die Krankheit tun.

Wissenschaftler räumen der Nahrung in ihren theoretischen Arbeiten immer viel Platz ein. Was bislang fehlte, waren die praktischen, die praktikablen Schlußfolgerungen.

Dieses Buch ist praktisch orientiert. Und es verfolgt ein ganz bestimmtes Ziel. Es ist das Ziel, die Heilkraft der Nahrung für die Gesundheit neu zu entdecken.

Manfred Köhnlechner

Krebs. Der rätselhafte Killer

Warum sterben in Regensburg mehr Menschen an Krebs als beispielsweise in Stuttgart?

Wieso bekommen auch Nichtraucher Lungenkrebs?

Und weshalb steigt die Zahl der Krebsopfer trotz immer besser werdender Behandlungs-, trotz immer raffinierterer Früherkennungsmethoden weiter an?

Warum? Wieso? Weshalb? Das sind die Worte, die bei Krebs immer wieder zu hören sind. Nicht nur von Betroffenen. Nein. Auch von Ärzten und von Wissenschaftlern, denen Krebs nach über 40 Jahren intensiver Forschungsarbeit noch immer viele Rätsel aufgibt.

Im Deutschen Reich, im Jahre 1900, starben von

100 000 Einwohnern gerade 40 an Krebs. 25 Jahre später waren es schon 86 Krebstote pro Jahr und 100 000 Einwohner. Heute ist Krebs nach den Erkrankungen des Herz- und Kreislaufsystems Todesursache Nummer zwei. Allein in der Bundesrepublik Deutschland sterben Jahr für Jahr etwa 160 000 Menschen an der Krankheit, über die öffentlich so ungern gesprochen wird.

In Amerika, in England, in Österreich und in der Schweiz – überall sehen die Zahlen nicht viel anders aus. Und man muß, auch wenn es wenig Mut macht, feststellen:

Gerade da, wo es den Menschen wirtschaftlich am besten geht, in den hochtechnisierten Ländern, gibt es die meisten Krebserkrankungen. Kein einziges Industrieland hat heute eine Krebsmortalität unter 20 Prozent. Das bedeutet: In der westlichen Welt stirbt mittlerweile jeder fünfte Mensch an Krebs. Eine zahlenmäßige Entwicklung, die vielleicht, wie viele meinen, auf bessere, exaktere Zählmethoden zurückzuführen ist. Aber in jedem Falle eine Entwicklung, die Angst macht.

Einmal im Jahr versuchen die großen Meinungsforschungsinstitute zu ergründen, was den Bürgern wirklich Sorge bereitet. Vor ein paar Jahren war es vor allem die Möglichkeit des Krieges zwischen Ost und West. Heute, in Zeiten der politischen Entspannung, sind Krankheiten die großen Angstmacher. An erster Stelle der Infarkt, danach Rheuma. Und schließlich auf Platz drei der Krebs.

Interessant ist, wie die Menschen bei den Umfragen ihre Ängste begründen:

«Der Infarkt kann sofort tödlich sein. Man ist dagegen so machtlos.» Rheuma macht Angst, weil es schon im frühen Stadium schmerzt, weil es oft zuerst die Gelenke und dann den ganzen Menschen unbeweglich macht. Und Krebs?

Die Angst vor Krebs wird so beschrieben: «Das ist die heimtückischste aller Krankheiten. Krebs kommt so schleichend. Und man weiß nicht, woher er kommt. Heute fühlt man sich noch ganz wohl und kerngesund. Und einen Tag später, wenn der Arzt die Diagnose Krebs stellt, dann ist man schon zum Tode verurteilt.»

Wer Angst hat, beurteilt die Dinge weniger mit dem Verstand sondern mehr mit dem Gefühl. Daher sind Irrtümer möglich, ja sogar erlaubt. Aber es bleibt dennoch unwahr, daß Krebs immer das Todesurteil ist.

Eine Auswertung der Daten der beiden einzigen bundesdeutschen Krebsregister in Hamburg und im Saarland ergab: Die bundesdeutschen Mediziner diagnostizieren Jahr für Jahr von Januar bis Dezember rund 250 000mal Krebs. Es gibt demnach rund 90 000 mehr Krebsfälle als in der Mortalitätsstatistik.

Es wäre gewagt, aus diesen Zahlen den Schluß zu ziehen, daß es in der Bundesrepublik jedes Jahr 90 000 Menschen gibt, die den Krebs besiegen. Aber man darf aus diesen Zahlen getrost den Schluß ziehen, daß es Hoffnung gibt.

Was ist Krebs?

Jährlich werden in der ganzen Welt Milliarden investiert, um auf die Frage, was Krebs für eine Krankheit ist, eine Antwort zu finden. In Kliniken, Labors und Universitäten beschäftigt der Krebs mehr als eine Million Menschen. Es gibt Zehntausende von Doktorarbeiten zum Thema. In den Regalen der Universitäten stapeln sich die wissenschaftlichen Erkenntnisse, die medizinischen Bücher.

Heute weiß man:

Krebs ist keine Krankheit unserer Zeit. Schon bei den Ägyptern, bei den Griechen, bei den Römern gab es Krebs.

Krebs ist keine Krankheit, die nur Menschen plagt. Auch Tiere, auch Pflanzen bekommen Krebs.

Krebs ist keine Krankheit, die ansteckend ist. Obwohl sie, wie neuere Forschungsarbeiten belegen, sehr wohl von Viren ausgelöst werden kann.

Krebs ist keine Krankheit, die vererbt wird. Auch wenn es Anzeichen dafür gibt, daß sie in bestimmten Familien häufiger als in anderen Familien vorkommt.

Und Krebs ist schließlich auch keine Krankheit, die durch bestimmte Lebensfaktoren ausgelöst wird. Auch wenn man heute weiß, daß Umweltgifte, Stress, psychischer Druck und vor allem falsche Ernährung den Ausbruch der Krankheit ganz erheblich beeinflussen können.

Krebs ist, vereinfacht gesagt, eine *Störung der Natur, der natürlichen Harmonie im Körper*. An irgendeinem Tag, nennen wir ihn einmal den Tag X, geraten einige der Milliarden Zellen des menschlichen Körpers durcheinander, verändern sich im Aufbau und im Wesen. Sie brauchen plötzlich keinen Sauerstoff mehr, um zu leben, sondern nähren sich aus Gärungsvorgängen. Sie teilen sich nicht mehr in einem bestimmten biologischen Zyklus, sondern wachsen rasch und rascher, fangen an zu wuchern, bilden schließlich Geschwüre. In der Lunge. In der Brust. Im Darm. Im Magen. Auf der Haut. Oder auch im Gehirn. Überall können solche Zellveränderungen, solche Geschwüre auftreten.

Gesunde Zellen erhalten Leben. Von Krebs befallene, bösartige Zellen zerstören Leben. Zuerst stirbt das Gewebe um die Geschwulst herum ab. Nach und nach geht die Zerstörung über die Wege von Blut- und Lymphgefäßen im ganzen Körper weiter. Es entstehen Tochtergeschwülste, die sogenannten Metastasen, die wiederum zerstören. Schließlich behindert der Krebs alle lebenswichtigen Funktionen, zerstört alle Organe, löst Blutungen aus, entzieht dem Organismus alle Lebenskraft, alle Nähr- und Vitalstoffe. Mit dem Tag X beginnt im Körper ein Krieg, bei dem das körpereigene Abwehrsystem zuerst ausgehungert und dann vernichtet wird.

Viele Forscher haben sich darauf spezialisiert, für diesen Krieg taugliche, wirksame Waffen zu finden. Das Skalpell zum Beispiel, das im Anfangsstadium der Krankheit eingesetzt wird. Oder aber die Strahlen- und chemischen Waffen, die die Krebszellen zerstören sollen.

Andere Mediziner, meist die Naturheiler und Immunologen, haben eine ganz andere Strategie. Sie kämpfen mit dem, was der an Krebs erkrankte Körper am dringendsten braucht. Mit Nähr- und Vitalstoffen, die das Immunsystem stärken, die ein Heer von natürlichen Abwehrkräften mobilisieren.

In einem Krieg, so wird gesagt, sind alle Mittel recht. Dieses Buch wurde nicht geschrieben, um die klassische Krebs-Therapie zu verteufeln, anzuprangern. Obwohl die Nebenwirkungen nur allzuoft verheerend sind. Dieses Buch wurde insbesondere geschrieben, um die Krebstherapie zu bereichern und um den Krebskranken selbst eine Waffe zu geben. Nämlich die Ernährung, die nach Übereinstimmung aller bedeutenden Krebsforscher dieser Welt in der falschen Zusammensetzung Krebs auslösen, in der richtigen Zusammensetzung aber vor Krebs schützen kann.

Vorsicht, Krebs! 10 wichtige Regeln

Fast täglich gibt es Meldungen über Stoffe, die als krebserregend eingestuft werden. Heute ist es *Per*, morgen *FCKW*. Lassen Sie sich durch solche Meldungen nur bedingt irritieren. Oft basieren die Erkenntnisse auf Versuchen an Ratten und Mäusen, sind also auf Menschen nur schwer zu übertragen. Aber es gibt natürlich Risiken im täglichen Leben.

Vorsicht beim Zahnarzt!

Trotz aller Warnungen und Mahnungen setzen die Zahnärzte für Plomben immer noch *Amalgam* ein. Ein

Stoff, der nachweisbar zu Quecksilbervergiftungen führen kann. David W. Eggleston von der Universität von Southern California geht sogar noch einen Schritt weiter: «Durch *Amalgam-Füllungen* steigt das Krebs-Risiko ganz erheblich.» Eggleston hatte bei Untersuchungen festgestellt, daß immunschwache Patienten in der Regel *Amalgam-Füllungen* trugen.

Amalgam ist als Auslöser für viele Befindlichkeitsstörungen enttarnt: für Kopf- und Kieferschmerzen, für Gelenkschmerzen in Armen und Beinen, für Herzbeschwerden, für Durchblutungsstörungen, für Darmentzündungen und für Allergien. Sehr viel verträglicher, wenn auch etwas teurer, sind Füllungen oder Kronen aus Gold, die mit einer Mischung aus Gold und Silber gehärtet werden. Gut verträglich, aber nicht so haltbar ist auch Keramik, den die Zahnärzte als *Optec* bezeichnen.

Vorsicht beim Bauen!

Verzichten Sie, auch wenn es Geld kostet, in jedem Falle auf *Asbest*. Jede Mehr-Investition beim Aus-, Um- oder Neubau lohnt sich. Denn *Asbestfasern* gehören zu den gefährlichsten Krebsauslösern überhaupt.

Amerikanischen Untersuchungen zufolge soll jeder 20. Krebsfall in den USA auf *Asbest* zurückzuführen sein. In der Bundesrepublik gibt es derartige Untersuchungen nicht. Aber es gibt Zahlen der Berufsgenossenschaften, die den eindeutigen Schluß zulassen: *Asbest* löst Lungen-, Bronchial-, Rippenfell- und Bauchkrebs aus.

In den letzten zwanzig Jahren wurden vor allem öffentliche Gebäude, wie Schulen und Rathäuser, mit *Asbest* gebaut. Und die Automobilindustrie setzte bis vor einiger Zeit *Asbest* auch noch für Bremsbeläge ein. *Asbest* liegt also in der Luft, vor allem die tückischen Fasern, die etwa drei tausendstel Millimeter dick und fünf tausendstel Millimeter lang sind. Sie sind zu klein, um von den Bronchien abgefangen zu werden. Aber zu groß, um von den Freßzellen des Immunsystems zerstört zu werden. Daher bleiben sie im Körper, sind schlummernde Krebs-Auslöser.

In Dänemark, Schweden und in den Niederlanden ist die *Asbest*-Verwendung wegen der akuten Krebsgefahr generell verboten worden. In den meisten anderen Ländern gibt es kein Verbot, aber die Zusage der Asbestindustrie, ab 1991 in Produkten für den Hochbau kein Asbest mehr zu verwenden.

Vorsicht in chemischen Reinigungen!

Der schwere, beißende Geruch in den meisten Reinigungen verrät die Gesundheitsgefahr, macht deutlich: Hier werden empfindliche Textilien mit dem Lösungsmittel *Perchloräthylen* oder *Tetrachloräthylen* gereinigt, eine gesundheitsgefährdende Substanz, die unter dem Sammelbegriff *Per* im Handel ist. Und die vor allem bei Besitzern und Angestellten von Reinigungsunternehmen das Gesundheitsrisiko erhöht. Hüten Sie sich vor dem Geruch: Bleiben Sie nie zu lange in einer Reinigung, hängen Sie gereinigte Kleider und Anzüge nie sofort in den Schrank, sondern besser zum Auslüften erst eine Stunde in den Garten, auf den Balkon oder ans Fenster. Und auch wenn es preiswerter ist, verzichten Sie darauf, Ihre Sachen in Münzreinigungen selbst zu reinigen. Alle Untersuchungen ergaben: In Münzreinigungen wird *Per* in viel zu hohen Dosen eingesetzt. Dort saugen sich die Kleidungsstücke mit der giftigen Chemikalie besonders stark voll. Und noch ein Tip: Sollten Sie umziehen, ziehen Sie nie in ein Haus, in dem es eine chemische Reinigung gibt.

Vorsicht beim Kauf von Papierwaren!

Der Zusammenhang zwischen dem gefürchteten Seveso-Gift und dem Kauf von Kaffeefiltern, Babywindeln oder Tampons ist nicht leicht zu begreifen. Aber er ist leicht herzustellen: Um besonders hellen, sauber wirkenden Zellstoff anbieten zu können, verwenden heute viele Papierhersteller in aller Welt chlorhaltige Mittel, mit denen sie ihre Produkte bleichen. Und beim Bleichen entsteht dann das Gift, von dem im Jahre 1976 im italienischen Ort Seveso zwei Kilo aus einer Fabrik entweichen konnten. Das Gift ist das *Dioxin*, von dem man weiß: Es löst Leber-, Erbschäden und Krebs aus.

Dioxin entsteht auch bei der Müllverbrennung, bei der Produktion von Pflanzenschutzmitteln. Es schwebt in der Luft. Und neuere Untersuchungen belegen: Über die Luft ist *Dioxin* auch schon in unsere

Nahrungsmittelkette eingedrungen, wurde sogar schon in Muttermilchproben isoliert. Darum gilt: Verwenden Sie sich und der Umwelt zuliebe ruhig mal Papierwaren, die nicht so strahlend weiß sind.

Vorsicht beim Kauf von Holzwaren!

Spanplatten sind preiswert und leicht zu verarbeiten. Daher gibt es heute sicher keinen Haushalt mehr, in dem nicht Spanplatten verwendet worden sind. Das bedeutet: In jedem Haus, in jeder Wohnung ist *Formaldehyd*. Die Chemikalie, die auch als *Methanal, Formol* oder *Ameisensäure-Aldehyd* im Markt ist und die seit einigen Jahren unter dem ernstzunehmenden Verdacht steht, ein Krebsauslöser zu sein. Bewiesen ist bisher: *Formaldehyd* bewirkt Müdigkeit, Muskel- und Gelenkschmerzen, Kopfweh und Allergien.

Seit die ersten Menschen durch *Formaldehyd* krank wurden, verzichten die meisten Kosmetikfirmen auf die Chemikalie, die früher als Konservierungsmittel eingesetzt wurde. Auch Arzneimittelhersteller haben ihre Produktionen weitgehend umgestellt. Anders die Holzindustrie, die noch immer nach einem Ersatzstoff sucht. Bis eine Lösung gefunden ist, sollten die Kunden, so oft es geht, auf Spanplatten verzichten und lieber Massiv-Holz verwenden.

Vorsicht beim Grillen!

Wenn das Fett spritzt und zischend in die Glut der Grillkohle fällt, dann droht Gefahr. Denn genau dann bildet sich *Benzpyren*, ein Stoff, der Krebs auslöst. *Benzpyren* entsteht aber auch, wenn Ruß und Rauch ans Fleisch kommen. Daher ist es empfehlenswert, das Fleisch immer erst dann auf den Grill zu legen, wenn die Kohle durchgeglüht ist. Und verwenden Sie nach Möglichkeit kein Zeitungspapier und keine Kiefernzapfen zum Anheizen. In beiden sind Substanzen, die bei der Verbrennung zu dem Krebsauslöser *Benzpyren* werden.

Was wenige wissen: Viele Teeröl-Präparate haben einen hohen Gehalt des Kohlenwasserstoffs *Benzpyren*. Früher wurden die Bahnschwellen aus Holz mit Teeröl behandelt. Im Jahre 1984 gab das Bundesgesundheitsamt die Empfehlung aus, bei der Anlage von Kinderspielplätzen und Gartenanlagen künftig nicht mehr imprägnierte, alte Bahnschwellen zu verwenden.

Vorsicht beim Tanken!

Früher wurde *Benzol* den meisten Lösungsmitteln zugesetzt. Als *Benzol* als krebserregendes Mittel enttarnt wurde, stellten die Hersteller ihre Produktion um. Und die Gefahr schien gebannt. Bis dann bekannt wurde: Die größte Krebsgefahr durch *Benzol* droht beim Tanken, denn die Chemikalie wird dem Benzin zugesetzt und entweicht in großen Mengen, wenn das Benzin mit der Luft in Berührung kommt. Daher der dringende Rat: Halten Sie beim Tanken die Nase nicht gerade über den Zapfstutzen und über die Tankfüllung. Besser ist es, den Stutzen in den Tank einzuführen und die automatische Überlaufsperre einzuklicken. Sie können dann aus drei, vier Metern Entfernung zuschauen, wie Ihr Wagen vollgetankt wird und atmen nur ein Hundertstel der *Benzol*-Menge ein.

Benzin und *Benzol* sind auch im sogenannten Terpentin-Ersatz, der gern nach jeder Wohnungsrenovierung als Farb-Lösungsmittel eingesetzt wird. Tun Sie sich selbst den Gefallen und verwenden Sie Terpentin-Ersatz nur bei offenem Fenster.

Vorsicht bei Verkehrsstaus!

Sicher wissen Sie nicht, was *polyzyklische aromatische Wasserstoffe* sind. Aber Sie sollten wissen: Die Stoffe, kurz *PAKs* genannt, sind krebserregend, genau wie das *Benzpyren,* das übrigens zu den *PAKs* zählt.

Aromatische Wasserstoffe kommen aus jedem Auspuff. Beim Diesel stärker als beim Benziner. Aber dann, wenn sich der Verkehr einmal staut, ganz besonders stark. Dann ist die Luft voller *PAKs* – und die Krebsgefahr ganz groß. Daher: Geben Sie ein gutes Beispiel und schalten Sie im Stau den Motor ab.

Vorsicht bei Räucherwaren!

Auch hier sind es die *PAKs*, die so gefährlich sind. Sie entstehen, wenn Fleisch oder Fisch mit Rauch in Berührung kommen, lagern sich in der Haut oder in der Kruste der Räucherwaren ab. Untersuchungen ergaben, daß vor allem dunkelgeräucherter Knochenschinken, aber auch dunkelgeräucherter Rohschinken *PAK*-Werte haben, die weit über den gesetzlichen Grenzwerten liegen. Dasselbe gilt für alle Brühwürste und für die meisten Fischsorten. Daher gilt: Wenn schon Räucherwaren, dann die Haut entfernen oder die Kruste wegschneiden.

Übrigens: Die *PAKs* sind es vermutlich auch, die das Krebsrisiko von Nichtrauchern erhöhen. Sie entstehen bei der Verbrennung von Tabak, schweben in den Raucherabteilungen aller Firmen und Restaurants. Zusätzlich werden über die Glut der Zigarette aber auch *Formaldehyd* und das stark krebserregende *Dimethylnitrosamin* frei.

Vorsicht bei Schimmel!

Schimmel ist ein Pilz, der wie alle Pilze immer dann besonders gut gedeiht, wenn es feucht und warm ist. Daher sollten Lebensmittel kühl gestellt werden, am besten in einen Kühlschrank oder in eine Speisekammer.

Das Gefährlichste an Schimmelpilzen sind ihre Stoffwechselausscheidungen, die sogenannten *Afla-*

toxine, die hochgiftig sind, beim Menschen Leber, Nieren, Milz und Nervensystem schädigen können. Und nach allen bisherigen Untersuchungen auch verantwortlich für Krebs sind.

Die *Aflatoxine* sind zäh. Sie überleben sogar kochend heißes Wasser. Daher nutzt es nichts, wenn verdorbene Grundnahrungsmittel abgekocht werden. Es empfiehlt sich, die angeschimmelten Lebensmittel zu vernichten.

Krebs.
Das verdrängte Problem

Mildred Scheel, die Gründerin der Krebshilfe, litt seit 1983 an Krebs. Damals entfernten ihr die Ärzte eine Geschwulst aus dem Darm. Die Frau, die fast täglich in Interviews und in Pressemitteilungen zur Krebsvorsorge-Untersuchung riet, zudem selbst Ärztin war, hatte nie eine Vorsorgeuntersuchung für sich in Anspruch genommen.

Und sie, die die Krankheit Krebs besser kannte als die meisten Menschen, mißachtete nach der Operation auch alle Ratschläge. Statt sich gesund zu ernähren, statt für seelisches Gleichgewicht zu sorgen, tat Mildred Scheel immer nur eines: arbeiten, hetzen, eilen. Fünf Monate nach der ersten Operation der zweite Eingriff. Wenige Monate später der dritte. Mildred Scheel wollte immer noch nicht glauben, daß sie, die erste Kämpferin gegen den Krebs, schwächer als die Krankheit sein könnte. Im Mai 1985 wußten wir alle, daß sich die Frau des ehemaligen Bundespräsidenten getäuscht hatte. Mildred Scheel starb an den Folgen von Krebs. Sie wurde gerade 52 Jahre alt.

Margret Dünser, die wohl beste Klatschtante des deutschsprachigen Fernsehens, hatte Brustkrebs, wurde im Jahre 1976 das erste Mal operiert. Auch sie hätte eine Chance gehabt zu überleben, wenn sie bestimmte Risikofaktoren ausgeschaltet hätte. Immerhin liegt die Überlebensrate für Brustkrebs heute schon bei 70 Prozent. Vorausgesetzt, die Geschwulst wird früh erkannt. Und die Erkrankten leben gegen den Krebs, kämpfen gegen den Krebs, lassen sich regelmäßig untersuchen. Aber was tat Margret Dünser? Sie tat das, was sie so berühmt gemacht hatte: Sie hetzte, eilte, jettete durch die Welt und interviewte Prominente. Statt sich mit dem Krebs auseinanderzusetzen und ihr Leben zu ändern, plauderte sie mit Robert Redford über Hollywood. Vier Jahre nach der Brustoperation war Margret Dünser tot. Sie wurde gerade 54 Jahre alt.

Einen ganz und gar sinnlosen Krebstod starb auch Claudia Doren, eine der ersten TV-Ansagerinnen. Drei Jahre lang hatte sie Schmerzen im Unterleib, quälte sich. Ihr Sohn Alexander flehte sie an, zum Arzt zu gehen, sagte ihr immer wieder: «Mutti, laß dich untersuchen. Wenn es nun Krebs ist?» Die Antwort Claudia Dorens war stets gleich: «Ich bin nicht der Typ dafür. Krebs bekommen nur diejenigen, die Angst davor haben.»

Das war der tödliche Irrtum der Fernsehansagerin, die im Februar 1987 mit 55 Jahren verstarb. Todesursache: Gebärmutterhalskrebs. Eine Krebsart, die bei rechtzeitiger medizinischer Hilfe heute eine fast 100prozentige Überlebensrate hat.

Es gibt viele weitere Beispiele von berühmten Frauen, die den Krebs jahrelang ignorierten und daran starben: Brigitte Horney zum Beispiel. Oder Erika Köth, die Opernsängerin. An Krebs starben auch Ursula Noack, die Kabarettistin. Und Annemarie Neckermann, die Frau des Versandhauschefs und Olympiareiters Josef Neckermann.

Und es gibt genauso Hunderttausende von Frauen, deren Namen man nie in den Zeitungen gelesen hat, die dieses Schicksal teilten. Täglich sterben in der Bundesrepublik mindestens 30 Frauen an Krebs. Und Wissenschaftler meinen: Die meisten wären zu retten gewesen, wenn sie nur vernünftig gehandelt hätten.

Vernunft und Krebs. Das klingt nur im ersten Moment etwas komisch. Vor allem in solchen Ohren, die nicht an eine Heilungschance glauben. Tatsache ist aber: Viele Leben wären zu retten, wenn die Vorsorgeuntersuchungen regelmäßig vorgenommen werden würden. Und noch mehr Leben wären zu retten, wenn zur Vorsorge eine vernünftige Ernährung käme.

Krebs ist die Krankheit, die am stärksten verdrängt wird. Die Deutsche Krebsgesellschaft ermittelte: Ein Viertel aller Bundesbürger weiß auch heute noch nicht, daß es Krebsvorsorgeuntersuchungen überhaupt gibt. Und damit ist auch unbekannt, daß die Krankenkassen für Männer ab dem 20. Lebensjahr und für Frauen ab dem 40. Lebensjahr die Kosten der Krebsvorsorgeuntersuchungen zahlen. Ergebnis: Nur 28 Prozent der Frauen und nur 20 Prozent der Männer nehmen die Möglichkeit der Vorsorgeuntersuchung wahr.

Das ist das Irrsinnige an dieser Krankheit. Alle haben Angst vor ihr. Aber alle glauben auch, daß die Krankheit gerade sie nicht treffen wird. Dabei ist völlig klar: Jeder von uns ist krebsgefährdet. Jeder kann in psychische Situationen kommen, die den Krebs begünstigen. Jeder kann seinen Körper durch Stress, Umweltgifte und falsche Ernährung so sehr schwächen, daß das Immunsystem den Krebs nicht mehr abwehren kann. Frauen, so scheint es, haben ein etwas höheres Risiko als Männer. Aber Frauen wie Männer haben vor allem ein Problem: Sie verdrängen die Krankheit Krebs.

Roswitha Ungeheuer, die Frau des großen Schauspielers Günther Ungeheuer, gab nach dem Krebstod ihres Mannes ein Interview, sagte einem Reporter: »Er hat bis zum Schluß nichts gewußt. Er ist eingeschlafen mit einem wunderbaren Lächeln auf den Lippen. So, wie ich ihn mein ganzes Leben gekannt und geliebt habe.»

Günther Ungeheuer starb an Krebs. Aber wie so viele wußte er nicht einmal, daß er an Krebs litt. Wie, fragt man sich, soll jemand gegen eine Krankheit kämpfen, wenn er noch nicht einmal weiß, welche Krankheit er hat?

Günther Ungeheuer mußte gegen ein Gespenst kämpfen. Ein Gespenst, das mal wie eine Mandelentzündung aussah: Ungeheuer war in Berlin, machte

Synchronarbeiten, klagte über Schmerzen im Hals, hatte starke Hustenanfälle, konnte kaum noch sprechen und brach darum die Arbeit ab, fuhr heim in seine Münchner Wohnung. Das war am 2. Juni. Schon fünf Tage später kam er mit dem Notarztwagen ins Krankenhaus, weil er starke Blutungen im Mund hatte. Ende des Monats wurde er nach Bonn verlegt. In eine Spezialklinik, wo die Ärzte einen Tonsillen-Krebs diagnostizierten. Ungeheuer hatte Mandelkrebs im letzten Stadium.

Zuerst entfernten ihm die Ärzte die rechte Mandel. Dann behandelten sie mit Strahlen die Wucherungen, die sogar zurückgingen. Der Schauspieler, der in nur einem Monat 30 Pfund abgenommen hatte, konnte wieder essen, nahm sieben Pfund zu.

Der schreckliche Leidensweg des Günther Ungeheuer war zum Glück nur kurz. Sein Zustand verschlechterte sich wieder. Das Gespenst, das für den Mimen noch immer eine schlimme Entzündung war, machte so große Schmerzen, daß es für den Schauspieler unmöglich wurde, auch nur einen Bissen zu essen. Seine Frau, die ihn liebevoll pflegte, sagt: «Er ist praktisch verhungert. Durch die Unterernährung kam Luft in den Magen, blähte sich der Bauch, Darm und Magen versagten schließlich, was zu seinem Tod führte.» Ungeheuer wurde 63 Jahre alt.

Hätte Günther Ungeheuer den Krebs bekämpfen können, wenn er von den Ärzten die Diagnose «Krebs» gehört hätte? Vermutlich nicht, weil die Krankheit schon zu weit fortgeschritten war. Vielleicht hätte er sich sogar gleich aufgegeben bei dem Wort «Krebs», wäre früher gestorben, wie es so viele

Ärzte immer vermuten. Aber vielleicht hätte er auch gekämpft. So wie es beispielsweise ein anderer Schauspieler jahrelang getan hat: Gert Fröbe.

Der Mann, der als *Goldfinger* weltberühmt wurde, hatte Zungenkrebs. Aber gestorben ist er an einem Herzinfarkt, fünf Tage vorher gab er sogar noch eine Lesung, die er wie immer mit einem Wort von Christian Morgenstern beendete: *Alles ist schön, was man mit Liebe betrachtet.*

Gert Fröbe hat seinen Krebs nicht mit Liebe betrachtet. Aber er hat ihn akzeptiert. Er hat mit dem Krebs gelebt. Und ihn dadurch um Jahre überlebt. In seinen Memoiren schrieb Gert Fröbe: «Ich kann nicht, wie ich es immer versprochen habe, bis zum 92. Lebensjahr auf der Bühne stehen. In den Monaten, in denen ich in einem Krankenzimmer lag, sind mir – und das geht wohl jedem so – viele Gedanken über den Sinn des Lebens durch den Kopf gegangen. Wenn man schon die andere Seite im Visier hat, wird so manches weggeschwemmt, wird vieles, was eben noch wichtig war, klein und unbedeutend. Schaue ich zurück, möchte ich in meinem Leben nichts missen. Ich habe so gelebt, wie ich es für richtig hielt.»

Ein in sich ruhender Mann, dieser Gert Fröbe. Ein Mann, der selbst als Sterbenskranker noch Witze machte, der an sein Publikum dachte, der im Krankenbett noch für eine Tournee arbeitete. «Fröbe zeigt Fröbe» sollte sie heißen. Und sie sollte den Menschen den Menschen Fröbe noch einmal ganz nahe bringen, sehr persönlich sein.

Gert Fröbe. Ein Mann voller Humor, der Erfolge feierte, der finanziell abgesichert war. Warum bekommt so einer, bei dem doch offenbar alles in bester Ordnung ist, Krebs?

Eine präzise Antwort darauf gibt es nicht. Aber die Ursachen für den Krebs des Gert Fröbe können in seinem Leben liegen, das keineswegs immer so ohne Probleme war. Ein Auszug aus seinen Memoiren:

«Ich war fünfmal verheiratet. Keine dieser fünf Ehen ist aus einer momentanen Laune heraus geschlossen worden, sondern hinter jeder Ehe und ihrem Ende – die mit meiner verstorbenen Frau Beate ausgenommen – steht ein Prinzip. Ich habe die Bindung zu einer Frau immer dann gelöst, wenn ich gespürt habe, daß die Beziehung keine Kraft mehr hat, daß sie nicht mehr voller Leben ist. Zwei meiner Ehen scheiterten, weil ich keine Kinder haben wollte. Ich liebe Kinder, aber ich habe im Krieg auf dem Hauptverbandsplatz soviel Schreckliches gesehen, daß ich mir damals geschworen habe, in diese Welt keine Kinder zu setzen. Was ja nicht ausschließt, daß man Kinder adoptieren kann. Das habe ich getan. Drei Kinder habe ich angenommen, großgezogen und jedem eine ordentliche Ausbildung gegeben.»

Fünf Ehen, schreckliche Kriegserlebnisse, ein Beruf mit viel Stress, ständig Übergewicht. Das waren die Risikofaktoren des Gert Fröbe.

Welche Risikofaktoren haben Sie? Im nächsten Kapitel erfahren Sie, ob Sie ein Krebs-Typ sind. Ein Test.

Sind Sie ein Krebs-Typ?

Studien belegen, daß es Menschen gibt, die ein hohes Krebsrisiko haben. Gemeint sind nicht die, die von Berufs wegen mit krebserregenden Stoffen wie Asbest oder Dioxin zu tun haben. Solche Menschen sind ganz sicher stark gefährdet. Aber wie es scheint, noch nicht einmal so stark wie eine bestimmte Gruppe von Menschen, die immer eines gemeinsam haben: *ein besonderes psychisches Verhalten.*

Lesen Sie sich bitte einmal ganz in Ruhe die vier nachfolgenden Typen-Beschreibungen durch, und legen Sie bitte für sich selbst fest, bei welchem Typ Sie sich ansiedeln:

Typ 1: Ein Mensch, der alles für andere tut. Manchmal für einen Partner, oft aber auch für eine Person oder eine Sache. Dieser Mensch sieht den Sinn seines Lebens, sieht das eigene Wohlergehen immer nur in enger Verbindung mit dem Partner/der Person/der Sache. Darum sucht er auch ständig die Nähe dieses Objektes, hofft ständig auf Zuwendung von ihm. Selbst dann, wenn er abgelehnt wird, chancenlos ist. Dann wird er zwar depressiv und spürt Hoffnungslosigkeit. Aber er läßt sie sich nach außen nicht anmerken. Dieser Mensch kann sich kaum abreagieren, läßt keine Aggressionen zu. Auch und vor allem keine Aggressionen gegen das von ihm verherrlichte und idealisierte Objekt.

Typ 2: Dieser Typ fühlt sich an einen Partner, eine Person gebunden und wird dadurch an der Befriedigung eigener Bedürfnisse gehindert. Er empfindet diese Abhängigkeit als störend, als Grund für das fehlende eigene Wohlbefinden. Er will den anderen ständig ändern, ohne dies jedoch zu erreichen. Er fühlt sich daher hilflos ausgeliefert, wird aggressiv, äußert offen Kritik und eigene Unzufriedenheit. Er macht dem Partner, einer Person, dem Chef, dem Beruf, dem Wetter, ja der ganzen Welt den Vorwurf, keinerlei Verständnis für ihn zu haben, ihn ständig nur zu verkennen.

Typ 3: Dieser Mensch schwankt in seiner gefühlsmäßigen Abhängigkeit zu einem Partner. Ist ständig hin- und hergerissen zwischen Begeisterung und Ablehnung. Ist er dem Partner nah, sucht er die Distanz. Ist er auf Distanz, sucht er die Nähe. Er will meist das, was er gerade nicht hat. Und er kann zum Beispiel die Zuwendung aus- und abschalten wie ein TV-Gerät. Ist er gefühlsmäßig überfordert, entzieht er sich, wechselt einfach das Objekt seiner Abhängigkeit, sucht sich einen neuen Partner. Menschen wie diese wirken nach außen ganz cool, ganz locker. Aber durch ihre ständig schwankende und ungefestigte Gefühlslage sind sie ständig in Angst, die auch schon mal in Aggression gegen sich selbst oder andere, aber auch in eine Flucht vor der Wirklichkeit umschlagen kann.

Typ 4: Dieser Mensch macht sein eigenes Verhalten und das eigene Wohlbefinden niemals abhängig von der Existenz oder dem Verhalten eines bestimmten Partners oder einer Sache. Er lebt in gelassener und zufriedener Autonomie, ohne dabei die Fähigkeit zum Lieben, zum Arbeiten, zum Leben zu verlieren. Er ist fähig, sein Verhalten durch Erkennen so zu regulieren, daß auch in wechselhaften Situationen das Bestmögliche für die Zufriedenheit mit sich selbst erreicht wird. Die innere Unabhängigkeit führt auch zur Freiheit, Gefühle nicht nur zuzulassen, sondern auch zeigen zu können.

Bei welchem Typ ordnen Sie sich ein? Vielleicht bei Typ 4? Dann können Sie theoretisch natürlich an Krebs erkranken, wenn Sie nicht vernünftig vorbeugen. Aber Ihr Risiko, eines Tages ein Fall für die Krebs-Statistik zu werden, ist erheblich geringer als bei anderen.

Auch wer sich in der Schilderung des Typs Nummer 3 wiedererkennt, ist nicht besonders anfällig für Krebs. Und selbst noch Typ 2 braucht nicht ständig mit der Angst vor Krebs leben. Er hat keine überproportionale Anfälligkeit für Krebs. Sehr wohl aber für den Infarkt.

Der Krebs-Typ, das ist Typ 1. Das ist der Mensch, der alles nur für andere tut, der sich aufopfert, der ständig verklemmte Samariter. Jedenfalls ergab das eine Studie, in der 2536 Personen je einem der vier möglichen Typen zugeordnet und über einen Zeitraum von zehn Jahren beobachtet wurden.

In diesen zehn Jahren starben 38,4 Prozent aller Menschen des Typ 1 an Krebs. Bei Typ 2 lag die Krebsmortalität hingegen bei gerade 2,3 Prozent, bei Typ 3 bei 2,4 Prozent und bei Typ 4 bei null Prozent.

Alle an der Studie beteiligten Menschen waren übrigens zwischen 40 und 60 Jahre alt, also in einem Alter, in dem das Risiko, an Krebs zu erkranken, ohnehin sehr viel größer als zum Beispiel bei einem sehr jungen Menschen ist.

Der Mann, dem wir diese Studie verdanken, heißt Dr. Ronald Grossarth-Maticek. Er arbeitet am Krebsforschungszentrum in Heidelberg, aber auch am Institut für Psychiatrie der Universität London. Er macht sich seit nunmehr gut 20 Jahren dadurch verdient, daß er die seelischen Ursachen von Krankheiten nicht nur erforscht, sondern auch in die Medizin einbringt. Grossarth-Maticek hilft zum Beispiel Menschen des Typ 1, nach und nach so zu werden wie Typ 2 beziehungsweise 3. Oder im Ideal-Fall wie Typ 4.

Wie treffsicher die Typenbeschreibungen von Grossarth-Maticek sind, wurde mittlerweile weltweit von Ärzten überprüft. Sehr eindrucksvoll zum Beispiel von Professor Stierlin in der Psychosomatischen Klinik der Universität Heidelberg.

Stierlin befragte Frauen, die mit einem Knoten in der Brust in die Klinik eingeliefert wurden, nach einem auf der Grossarth-Maticekschen Typologie beruhenden Muster und konnte danach mit 90prozentiger Sicherheit ohne jede weitere Untersuchung vorhersagen, welche der Frauen an einer gutartigen und welche der Frauen an einer bösartigen Geschwulst litten.

Was vor Krebs schützt

Wem es gelingt, die eigene Psyche im Gleichgewicht zu halten, der wird sicher gesund bleiben.

Alle Krebsforscher sind sich mittlerweile einig: Die Psyche spielt neben der Ernährung eine ganz gewichtige Rolle bei der Entstehung von Krebs. Und weil das so ist, gibt es in Amerika seit einigen Jahren einen neuen medizinischen Zweig: die Verhaltensmedizin.

Erstes Behandlungsziel der mittlerweile an über 100 amerikanischen Kliniken eingesetzten Verhaltensmediziner ist es, das geistig-seelische Verhalten des Patienten zu erforschen. Danach arbeiten die Mediziner zusammen mit den Patienten in Gesprächen, in Einzel- und Gruppentherapien Konflikte, Ängste und Neurosen auf. Und zwar immer mit dem Ziel, letztlich das Immunsystem des Patienten zu stärken. Denn das Immunsystem ist es, das Krankheiten zuläßt, das aber auch Krankheiten am besten bekämpfen kann.

Ähnlich wie die Ernährung wirkt die Psyche ganz direkt auf das Immunsystem. Zufriedenheit stärkt. Unzufriedenheit schwächt. Eine alte Tatsache, erforscht in den sechziger Jahren, als man in Amerika das Blutbild von trauernden, von unglücklichen Menschen untersuchte und feststellte: Menschen in psychischen Konfliktsituationen haben immer einen deutlichen Schwund der Abwehrzellen (T-Helferzellen).

Die Psyche im Gleichgewicht halten. Das ist leicht gesagt, leicht geschrieben. Aber schwer in die Tat umzusetzen, vor allem, wenn familiäre oder berufliche Situationen der Auslöser für Konflikte der Seele sind. Man darf dieses Ziel nie aus den Augen verlieren. Auch wenn es manchmal Jahre dauert, um zum Erfolg zu kommen. Aber unterstützend, sozusagen als erste Gegenmaßnahme gegen den Krebs, empfiehlt sich zusätzlich eine Ernährungsumstellung. Denn falsche, ungesunde Ernährung ist Krebsauslöser Nummer 1.

Beim internationalen Symposium «Diät und Krebs» in Oxford hielt Sir Richard Doll, der bekannteste Krebsforscher der Welt, einen vielbeachteten Vortrag. Doll kam dabei zu dem Ergebnis: «Falsche Ernährung ist für 70 Prozent aller Krebserkrankungen verantwortlich.» Doll war aber nicht in der Lage zu sagen, welche Ernährung vor Krebs schützt. Diese Arbeit überließ er denen, die täglich mit nahrungsbedingten Krankheiten zu tun haben. Den Ernährungsexperten.

Was schützt, was schadet in der Ernährung? Dazu erst einmal ein paar *Ergebnisse der neueren Forschung:*

Krebs durch gebratenen Speck

Schinken bildet beim Braten genau wie Speck krebserregende *Nitrosamine.* Das Krebsgift entsteht beim Erhitzen aus dem *Nitrit* des Pökelsalzes und aus *Eiweißstoffen (Aminen).* Wird der Schinken jedoch im Mikrowellen-Herd erhitzt, dann bilden sich darin überhaupt keine *Nitrosamine.* Das fand Barbara Miller am National Center for Toxicologial Research in Arkansas, USA, heraus.

Joghurt aktiviert die Krebsabwehr

Japanische Forscher haben im Tier-Experiment bewiesen, daß *Milchsäurebakterien* aus Joghurt die Aktivität von natürlichen, körpereigenen Killerzellen, die die Krebszellen vernichten können, auf das Doppelte steigern. Allerdings: Durch die übliche Hitzebehandlung zur Verbesserung der Haltbarkeit des Joghurts wird diese abwehr-stärkende Wirkung ganz erheblich gemindert.

Kohl reduziert das Krebsrisiko

Rot- und Weißkohl, aber auch Rosenkohl, Blumenkohl und Brokkoli vermindern das Risiko, an Krebs zu erkranken, mindern auch das Gesundheitsrisiko der Chemotherapie. Studien mit Tieren an verschiedenen amerikanischen Universitäten ergaben: Ratten, die täglich mit Kohl gefüttert werden, sind erheblich weniger anfällig gegen Krebs. Vermutlich durch den im Kohl vorkommenden Stoff *Dithiolthione,* der die Zellen stärkt und körpereigene Entgiftungsmechanismen fördert.

Vitamin C verhütet Gebärmutterkrebs

Frauen, die weniger als 30 tausendstel Gramm (mg) *Vitamin C* täglich aufnehmen, haben ein siebenfach höheres Risiko, an Gebärmutterkrebs zu erkranken, als Frauen, die mindestens 100 tausendstel Gramm, also ein Zehntel Gramm *Vitamin C* täglich aufnehmen. Das belegt eine Studie der US-Professorin Sylvia Wassertheil-Smoller aus Boston. 0,1 Gramm *Vitamin C* sind bereits in etwa 70 Gramm roten oder grünen Paprikaschoten, in 200 Gramm Orange oder Grapefruit.

Selen schützt vor Prostatakrebs

Die ausreichende Zufuhr des schwefelähnlichen Spurenelements *Selen* vermindert das Krebs-Risiko um bis zu 70 Prozent, schützt vor allem Männer gegen Prostatakrebs, wirkt jedoch auch Magen- und Darmkrebs entgegen. Zu diesem Ergebnis kommt eine Studie von Dr. Walter C. Willett, Channing Labaratory, Boston. Den höchsten *Selen*-Gehalt haben vor allem Vollkornprodukte.

Riesenmahlzeiten begünstigen Krebs

Wenn bei einer Mahlzeit zuviel gegessen wird, durchdringen mikroskopisch kleinste Nahrungsteilchen die Darmwände und gelangen unverdaut in den Blutkreislauf. Die körpereigene Abwehr reagiert dann ähnlich wie bei Infektionen: Weiße Blutkörperchen fressen die Nahrungspartikel – und lösen sie auf. So können sie dann über das Lymphsystem und über die Nieren ausgeschieden werden. Vor allem schützt das Immunsystem damit den Körper vor allergischen Reaktionen gegen die ins Blut gelangten Nahrungsstoffe. Auf jeden Fall aber wird dadurch die Immunabwehr geschwächt. Und das Krebsrisiko erhöht. Davor warnte der Immunforscher Prof. Dr. Helmut Stickl, der Leiter der Bayerischen Landesimpfanstalt.

Vitamin B 2 verhütet Speiseröhren-Krebs

Krebs der Speiseröhre wird durch einen Mangel an *Vitamin B2 (Riboflavin)* ausgelöst. Fehlt *Vitamin B2,* kommen stark krebserregende Gifte im Körper zur Wirkung. Das wurde in China festgestellt, wo es in einigen Provinzen besonders viele Fälle von Speiseröhrenkrebs gibt. Für die Provinzen wurden Diäten erstellt, die den Vitaminmangel ausgleichen. Die Deutsche Gesellschaft für Ernährung empfiehlt als exzellenten *Vitamin-B2*-Spender vor allem Bierhefe, die es in jedem Reformhaus gibt.

Gemüse gegen Umweltgift

Es gibt ein ausgezeichnetes Gegenmittel gegen das Umweltgift *Benzpyren,* das krebserregend ist. *Benzpyren* wird dem Benzin beigemischt, entsteht aber auch, wenn Tabak verbrennt. Das Gift ist vor allem krebserregend, wenn es länger im Körper bleibt. Ein Mittel, um das Gift schnell abzubauen, fand der Gießener Professor Dr. Claus Leitzmann. Es ist die Substanz *Benzyl-Isothiocyanat,* die vor allem in allen Kreuzblütlern, also in allen Kohlsorten vorkommt.

Übergewicht erhöht das Krebsrisiko

Sehr schlanke Frauen, die regelmäßig Sport treiben, erkranken um 60 Prozent seltener an Krebs der Gebärmutter und der Eierstöcke als dickliche, unbewegliche Frauen. Bei Frauen, die Sport treiben, ist das Brustkrebs-Risiko etwa 50 Prozent niedriger. Das ergab eine Studie der amerikanischen Harvard-Universität, New York, mit 5000 Amerikanerinnen. Als Erklärung für diesen Krebsschutz vermuten die Forscher eine gebremste Hormon-Produktion durch den Fettmangel im Körper. Dadurch kommt es bei sehr schlanken und sportlichen Mädchen auch später zur ersten Monatsregel (Menarche).

Jogger haben weniger Krebs

Wer regelmäßig läuft, ist weniger durch Krebs gefährdet als bewegungsarme Faulenzer. Das entdeckte der deutsche Sportarzt Dr. Ernst van Aaken beim Vergleich von 454 Läufern mit 554 Nicht-Sportlern. Prof. Dr. Ferdinand Schmidt von der Universität Heidelberg konnte das Phänomen erklären. Er gab Mäusen ein Gift, das bei ihnen normalerweise zu 100 Prozent Krebs auslöst. Einige Tiere bekamen aber keinen Krebs. Der Professor hatte sie angeregt zu laufen. Schmidt zog daraus unter anderem den Schluß: «Wer täglich wenigstens 30 Minuten läuft, aktiviert sein Immunsystem so sehr, daß es Krebszellen bereits im Stadium der Entstehung vernichten kann.»

Vitamin A stärkt die Abwehr gegen Krebs

Durch zusätzliche Gaben von *Vitamin A* konnte die Heilung von Gebärmutterkrebs erheblich verbessert werden. Die so behandelten Frauen erlitten erheblich weniger Rückfälle, hatten erhöhte Chancen gegen den Krebs. Das wurde am Institut für Krebsforschung der Universitäts-Frauenklinik in Wien ermittelt. Die Ärzte fanden vor allem zwei bislang unbekannte Wirkungen des *Vitamin A:* Es erhöhte die Kraft der Immunabwehr um gut 100 Prozent. Und es machte vor allem die Strahlen-Therapie beim Gebärmutterkrebs für die Frauen viel verträglicher.

Eisenmangel löst Krebs aus

Eisenmangel schwächt die körpereigene Abwehr gegen alle Infektionen, vor allem aber gegen Krebs. Das fand Prof. Dr. Philip Macarthy von der Howard-Universität in Washington heraus. Er riet: Eine ausreichende *Eisen*-Zufuhr – notfalls vorübergehend durch Medikamente – könnte vor allem die mit zunehmendem Alter wachsende Krebsgefahr verringern und hinauszögern. *Eisen* wird vor allem aus magerem Fleisch (zum Beispiel Hähnchen), aber auch aus Gemüse aufgenommen. Natürliche Säuren in Obst, mit Zitrone gesäuerte Salate, ausreichend Vitamin C und geringe Mengen Alkohol (ein Gläschen Wein zum Beispiel) fördern die *Eisen*-Aufnahme des Körpers entscheidend.

Krebsheilung durch Carotin verbessert

Der Erfolg von Krebsbehandlungen mit Medikamenten und Bestrahlung kann durch das einfache *Pro-Vitamin Carotin* bedeutend verbessert werden, berichtete Prof. Dr. Eli Seifter vom Albert-Einstein-College of Medicine in New York. Es gelang ihr im Tierexperiment, Krebsgeschwülste vollständig auszuheilen, als sie neben den üblichen krebshemmenden Medikamenten und der Bestrahlung zusätzlich *Carotin* in der 20fachen Menge des normalen Tagesbedarfes gab. Wenn das *Carotin* vorbeugend gegeben wird, kann bei Tieren, so fand die Wissenschaftlerin heraus, Brustkrebs überhaupt nicht mehr ausgelöst werden. Der Tagesbedarf des Menschen an *Carotin* wird gedeckt durch 75 Gramm Karotten oder 60 Gramm Spinat. Alle grünen Gemüse sind reich an *Carotin.*

Viel trinken beugt Darmkrebs vor

Durch täglich zwei Liter Wasser, Mineralwasser oder Tee können krebserregende Stoffe über den Darm schneller ausgespült werden. Dadurch sinkt vor allem die Gefahr, an Darmkrebs zu erkranken. Prof. Dr. Ludwig Demling empfiehlt vor allem *kohlensäurehaltiges Mineralwasser* mit geringem Nitrat-Gehalt, weil die Kohlensäure normalisierend auf die Funktionen von Magen, Darm und Galle einwirkt und dadurch insgesamt eine abführende, entschlackende Wirkung zeigt, ohne aber die Nebenwirkung vieler Abführmittel zu haben.

All diese Meldungen belegen eines: Die Wissenschaft enträtselt immer mehr ernährungsbedingte Faktoren, die im direkten Zusammenhang mit der Krankheit Krebs stehen. Fast täglich gibt es neue Erkenntnisse, und alte Theorien und Studien werden widerlegt oder präzisiert.

Was aber bislang fehlte, waren die Schlüsse aus all diesen Erkenntnissen. Also der Schluß, *welche Ernährung vor Krebs schützen kann.*

Manfred Köhnlechner hat sich wie kaum ein anderer mit Ernährungsfragen beschäftigt, hat viele Diäten entwickelt. Und er hat darum all das, was er selbst erforscht, was er beobachtet und was er sich von Wissenschaftlern hat berichten lassen, zusammengefaßt und in Rezepten verarbeitet. Entstanden ist dadurch eine Diät, die nach Aussagen von Patienten vor allem eines kann: Krankheiten vorbeugen, auch Krebs.

Krebs-Diät. Wer hat das beste Rezept?

Es gab schon früher einige Ansätze, eine Krebs-Diät zu entwickeln. H. Hoepke, der Direktor des Anatomischen Instituts der Universität Heidelberg, schlug zum Beispiel eine stark säurehaltige Ernährung gegen den Krebs vor. Also eine Ernährung mit sehr viel Fleisch, viel Eiern und Käse.

Hoepke machte diesen Vorschlag nach Tierexperimenten. Er hatte weißen Ratten, die an Hauttumoren litten, Ammoniumchlorid gegeben und damit im Körper der Tiere ein saures Milieu geschaffen. Anderen kranken Ratten gab er für ein möglichst basisches Milieu Natriumbikarbonat ins Trinkwasser. Nach 33 Wochen, so stellte Hoepke fest, war die Tumorbildung bei den Ratten mit säurehaltigem Körpermilieu reduziert. Und die Tiere waren widerstandsfähiger gegen den Krebs als die Tiere mit dem basischen Milieu.

Hoepkes Theorien für die Ernährung wurden verworfen, von anderen Wissenschaftlern attackiert. Mit der ernstzunehmenden Begründung, daß sich die Tierversuche a) nicht auf den Menschen übertragen lassen und b) der normale Mensch ohnehin ein saures Körpermilieu habe, weil er zuviel Fleisch ißt.

Nicht anders erging es dem Ernährungskonzept des Autors H. U. Schreiber, der Krebs als «mikrobiologisch-elektroenergetisches Problem» verstand und die Antwort schuldig blieb, was dies denn nun sei und bewirke. Schreiber versprach, was niemand versprechen kann: einen sicheren Schutz vor Krebs durch eine Ernährung aus vorwiegend Fleisch und tierischen Fetten. Also eine Ernährung mit möglichst viel Eiweiß und möglichst wenig Ballaststoffen.

Denselben Fehler machte auch Johannes Kuhl, dessen Ernährungsansätze darauf beruhten, die Krebserkrankung sei eine chronisch milchsaure Stoffwechselstörung und könne daher am besten durch Milchsäure behoben, ja geheilt werden. Kuhl behauptete, keiner brauche an Krebs zu sterben, wenn er nur täglich genügend milchsaures Gärgemüse und Sauermilch zu sich nehme. Ein Postulat, das sich durch nichts belegen ließ.

Sehr viel sinnvoller war da schon, was der berühmte Mediziner Sauerbruch empfahl und was von M. Gerson in eine *Ernährungsformel* umgewandelt wurde: *wenig Eiweiß, viel Frischkost, kein Zucker.* Die erste Form einer Ernährung, die der heutigen Vollwert-Ernährung am nächsten kommt. M. Gerson berichtete in der Fachliteratur über 50 geheilte Krebsfälle durch seine Ernährungsvorschläge. Andere Wissenschaftler zweifelten diese Ergebnisse an, konnten sie aber nicht widerlegen. Dennoch setzte sich dieses Ernährungsprinzip nicht durch.

Wissenschaftlich hochinteressant war, was der Ungar Sandor Ferenczi vor gut 20 Jahren veröffentlichte. Er empfahl als Anti-Krebs-Mittel Rote Beete und konnte diese Empfehlung auch belegen. Er hatte an Krebs leidenden Patienten anfangs täglich 250 Gramm geriebene Rote Beete, später dann 0,5 Liter Preßsaft aus Rote Beete gegeben und festgestellt: 38 von 40 Krebspatienten reagierten mit einer Verbesserung des medizinischen Befundes. Ihre Tumore verkleinerten sich, vermutlich durch den Anthozyan-Farbstoff der Rote Beete, der, wie Untersuchungen der Arbeitsgemeinschaft für Krebsbekämpfung der Ruhrknappschaft Nordrhein-Westfalen belegten, eine ähnliche Wirkung haben kann wie die sogenannten Zytostatika, die das Krebswachstum hemmen, aber leider toxische (giftige) Nebenwirkungen haben.

R. Breuss, ein österreichischer Heilpraktiker, griff die Saft-Diät auf und entwickelte daraus eine sehr umstrittene Theorie. Seine Maxime: Tumore ernähren sich nur von festen Speisen und werden durch eine Fastenbehandlung mit Säften abgebaut. Er verordnete krebskranken Patienten eine 42-Tage-Kur mit Säften von roten und gelben Rüben, mit Sellerie- und Kartoffelsäften. Eine radikale, gefährliche Kur. Denn man weiß: Ein totaler Eiweiß-Entzug, wie er beispielsweise auch beim Heilfasten entsteht, schadet eher.

Wissenschaftler wie der Grazer Johannes Kretz, wie Werner Kollath und wie Werner Zabel beschäftigten sich sehr intensiv mit der Frage, ob Ernährung das Krebsrisiko mindern kann. Sie alle gaben auch eindeutige Anweisungen zur Ernährung. Aber keiner von ihnen machte eine Diät. Möglicherweise deswegen nicht, weil alle Krebs-Diäten angegriffen, von anderen Ernährungsexperten angezweifelt werden.

Dieses Schicksal wird möglicherweise auch Köhnlechners Krebs-Diät haben. Aber das bedeutet nicht, daß diese Diät untauglich wäre. Nein, das bedeutet nur: Die Wissenschaftler, die sich so massiv gegen Krebs-Diäten wehren, haben ein sehr enges Gesichtsfeld, denken nur in Kategorien von Doppelblindstudien, von Veröffentlichungen und Belobigungen in wissenschaftlichen Magazinen, deren Name der Laie noch nicht einmal kennt.

Menschen, die sich für Menschen interessieren, wissen beim Thema Krebs eines immer sehr schnell: Der Patient hat fast keine Möglichkeit, etwas gegen die Krankheit zu tun, wenn man einmal von Vorsorgeuntersuchungen absieht. Umweltgifte lassen sich vom Einzelnen nicht abbauen. Psychische Konflikte und Stress können zwar abgebaut werden, aber meist erst nach Jahren. Was also bleibt den Menschen, die sich vor Krebs vernünftig schützen wollen? Es bleibt letztlich nur die *Ernährung*, für die allgemeine Hinweise gut, eine *konkrete Diät mit Rezepten* aber viel, viel besser ist.

Köhnlechners Krebs-Diät

Krebs hat unendlich viele Ursachen, unendlich viele Auslöser. Eine Krebs-Diät, die etwas bewirken soll, darf daher nie einseitig sein und nur eine Strategie verfolgen. Mehr noch als bei jeder anderen Krankheit muß für eine Krebs-Diät die gesamte Nahrungsmittel-Palette genutzt werden, um das zu erreichen, was letztlich der beste Schutz vor der Krankheit ist: eine Vitalisierung aller körpereigenen Abwehrkräfte.

Köhnlechners Krebs-Diät verfolgt *drei Strategien*:

Strategie 1 ist die Entgiftung des Körpers: Dies wird erreicht durch eine nachhaltige Aktivierung des Stoffwechsels, bei der dem Körper gleichzeitig möglichst wenige neue Giftstoffe zugeführt werden.

Strategie 2 ist die Immunisierung: In dieser Ernährungsphase gelten strenge Regeln, die sich weitgehend an dem orientieren, was die sogenannten klinischen Ökologen zur Bekämpfung von Immunstörungen, zum Beispiel Allergien, erarbeitet haben. In dieser Phase sollen ernährungsbedingte Fehler des Immunsystems erkannt und behoben werden.

Strategie 3 ist die Ernährungsumstellung: In dieser Phase, die sich durch eine besonders ausgewogene Ernährung auszeichnet, soll sich der Körper regenerieren, soll sich nach der Entgiftung, nach der Befreiung von Immunstörungen an eine Kost gewöhnen, die reich an Vital- und Ballaststoffen, an Vitaminen, Mineralien und Spurenelementen ist.

Warum diese Dreiteilung der Diät, Herr Köhnlechner?

Das hat praktische Gründe, die sich aus meiner täglichen Arbeit ergeben haben. Viele Krankheiten entstehen, weil der Körper selbst nicht mehr richtig entgiftet, weil Dickdarm, Niere, Galle und Leber überlastet sind. Natürlich gibt es Mediziner, die in so einer Situation Medikamente verschreiben. Aber was bewirken sie damit? Dem Körper werden mit den Medikamenten nur noch mehr Belastungen, noch mehr Substanzen zugemutet. Und die eigentlichen Ursachen verschlimmern sich, auch wenn die Chemikalien auf den ersten Blick das Leiden lindern. Ich meine – und meine praktischen Erfahrungen bestätigen dies: Der erste und wirksame Schritt gegen jede Art von Krankheit ist die Aktivierung des Stoffwechsels, also die Entgiftung des Körpers. Was wenige Menschen wissen, ist doch dies: Ein nicht funktionierender Dickdarm baut ja nicht nur körperfremde Gifte nicht mehr richtig ab, sondern produziert auch schließlich selber Gifte. Das bedeutet: Eines der wichtigsten Organe für unser Immunsystem ist nicht nur lahmgelegt, sondern auch aktiver Mitverursacher von vielen Immunstörungen.

Glauben Sie, Herr Köhnlechner, daß die Entgiftung des Körpers vor Krebs schützt?

Wenn ich jetzt sagen würde, daß ich daran glaube, dann würden sich die Krebsforscher auf mich stürzen, würden mir zu Recht vorwerfen, ich würde das ganze Thema sehr simplifizieren. Ich meine: Die Entgiftung ist ein wesentlicher Schritt bei der Bekämpfung von allen Krankheiten, auch von Krebs. Die aus meiner Sicht vernünftigste Strategie gegen Krebs kann doch immer nur sein: Alles sein zu lassen, was das Immunsystem schwächt. Zum Beispiel zuviel Nikotin, zuviel Alkohol. Und gleichzeitig alles zu tun, was das Immunsystem stärkt. Die Entgiftung, also die Aktivierung des Darms, ist so ein Schritt.

Warum bekämpfen Sie mit Ihrer Krebs-Diät auch Allergien? Sind Allergien Krebsauslöser?

Alles, was den Körper schwächt, alles, was das Immunsystem schwächt, muß nicht unbedingt Krebsauslöser sein. Aber völlig klar ist: In jedem von uns steckt Krebs. Bei dem einen bricht er aus, bei dem anderen nicht. Krebs ist jedoch kein Gottesurteil. Krebs ist aus meiner Sicht das massivste, das schrecklichste Indiz dafür, daß der Körper nicht mehr genügend eigene Kraft hat, um sich gegen die Entartung von Zellen zu wehren. Und Allergien sind auch so ein Indiz. Daher muß man sie nach Möglichkeit ausschalten, was gerade bei der Ernährung nicht so schwer ist: Die meisten Allergiker haben ja eine Hühnereiweiß- oder eine Milcheiweiß-Allergie. Ist dies getan, hat man das Immunsystem schon erheblich gestärkt. Der Körper kann sich danach erholen, neue Kräfte sammeln.

In der dritten Phase stellen Sie die Ernährung ganz auf Vollwertkost um. Schützt Vollwertkost vor Krebs?

Um das zu beantworten, muß ich etwas ausholen. Die American Health Foundation hat sich schon vor einigen Jahren ganz massiv, genau wie übrigens auch das US-National Cancer Institute, dafür ausgesprochen, nicht nur die Zusammenhänge zwischen Ernährung und Krebs stärker zu erforschen, sondern auch praktikable Ernährungsvorschläge zu machen. Im deutschsprachigen Raum war ich einer der ersten, der überhaupt ganz stark an die Heilkraft der Ernährung geglaubt hat. Ich habe in vielen Illustrierten und in Zeitungen unzählige Diäten gemacht. Einige waren sicher problematisch, weil sie noch auf der alten Theorie beruhten, daß vor allem Einseitigkeit zu größten Erfolgen führt.

Dann aber kam die Krankheit Aids. Und mit Aids war plötzlich so deutlich wie noch nie zuvor in der Menschheitsgeschichte klar, daß unser Wohl sehr stark abhängig von einem System ist, das wir Immunsystem nennen. Ich habe mich jahrelang mit der Immunabwehr beschäftigt, habe auch einige Immun-Diäten entwickelt. Und über diese Immun-Diäten bin ich zu der Einsicht gekommen, daß zum Beispiel die Ernährungslehren des von mir sehr geschätzten Herrn Bircher-Benners im Kern sehr vernünftig sind.

Und auch solche Ernährungskapazitäten wie Kollath und Leitzmann, die die vollwertige Ernährung propagieren, haben sehr, sehr vernünftige Überlegungen angestellt. Überlegungen, die zu ganz praktischen Tips für eine richtige Ernährung führten: 1. Zuviel Fett und zuviel Eiweiß schaden. 2. Zuviel Ernährung, also zu große Portionen, schaden, verursachen Stoffwechselstörungen. 3. Geräucherte und gepökelte Nahrungsmittel sind schädlich. 4. Zuviel Kochsalz schadet. 5. Raffinadezucker schadet. 6. Frittierte Speisen schaden.

Ich bin im Laufe der letzten fünf Jahre herangegangen und habe mich gefragt, was nützt bei der Ernährung? Ich bin kein Wissenschaftler, der sich mit dem Ergebnis zufrieden gibt, mal wieder etwas Schädliches ausgemacht zu haben. Ich bin ein Heilpraktiker, der den Menschen helfen will. Und darum erarbeitete ich, natürlich auch unter Berücksichtigung der wissenschaftlichen Erkenntnisse, meine eigenen, ganz persönlichen Ernährungstips. Und heraus kam dabei das, was man heute als vollwertig bezeichnet. Eben eine Ernährung, die weitgehend naturbelassen ist, die auf Raffinadezucker verzichtet, die sparsam mit Salz umgeht, die geräucherte Waren gar nicht kennt, die den Körper nicht unnötig mit Fett belastet, ihm aber doch genügend Eiweiß, meist aus Pflanzen, seltener aus Fleisch, zur Verfügung stellt. Diese Ernährungsform habe ich zuerst mir selbst verordnet, dann habe ich sie an andere Menschen weitergegeben. Und ich habe Tausende von Briefen bekommen, in denen meine theoretischen Überlegungen voll bestätigt wurden.

Die Entgiftungs-Phase. Was Sie wissen müssen

In den ersten 14 Tagen der Krebs-Diät werden Sie viel erreichen. Vor allem werden Sie abnehmen. In der Woche nach allen bisherigen Diäterfahrungen etwa 4 bis 5 Pfund.

Patienten, die gerade eine Strahlen- oder Chemotherapie durchlaufen, sollten daher mit ihrem Arzt reden, ob es in ihrer Situation ratsam ist, Gewicht zu verlieren.

Die erste Phase der Diät schwächt den Körper aber nicht. Sie werden ausreichend mit allen Vitalstoffen versorgt. Nach sechs oder sieben Tagen werden Sie sogar merken, daß die Ernährung Sie erheblich leistungsfähiger macht. Es stellt sich zudem ein großes psychisches Wohlbefinden ein, ganz ähnlich wie die

Hochstimmung, die vom Heilfasten bekannt ist. Diese Stimmung und die größere Leistungsfähigkeit sind das erste Resultat der Aktivierung des Stoffwechsels. Ihr Organismus kommt in Schwung. Leber, Niere, Galle, Magen und Darm werden aktiver, bauen Gifte ab.

Viele Patienten haben in der Entgiftungs-Phase erstaunliche andere Erfolge erzielt: So verschwanden Kopfschmerzen und Migräne. Hautleiden wie Schuppenflechte und Psoriasis besserten sich erheblich, obwohl vor allem in den ersten Diättagen die Haut mit Pickeln reagierte. Diese Pickel sind normal und sollten Sie nicht irritieren. In der Entgiftungs-Phase werden auch Schlacken über die Haut ausgeschieden. Das gibt sich wieder. Und die Belohnung ist in der Regel eine sehr viel schönere, glatte und vitale Haut.

Für die Ernährung in der ersten Phase gelten ein paar Regeln, die Sie unbedingt beachten sollten:

Verwenden Sie, wann immer es möglich ist, nur Produkte aus biologischem Anbau.

Verzichten Sie auf die Zubereitung von warmen Speisen in der Mikrowelle.

Trinken Sie täglich mindestens zwei Liter Flüssigkeit, am besten Mineralwasser mit einem geringen Natrium- und einem hohen Magnesium-Gehalt.

Essen Sie, auch wenn es zum Beispiel bei den Mittagsmahlzeiten nicht angegeben ist, vor jeder warmen Mahlzeit einen Salat. Bestimmen Sie selbst, welches Gemüse Sie mögen.

Verwenden Sie immer nur kaltgepreßtes Öl, das noch Linolsäure (wichtig für den Zellenaufbau) hat.

Würzen Sie sparsam mit Salz, besser mit frischen Kräutern, zum Beispiel Petersilie, Basilikum, Kerbel, Schnittlauch oder Dill.

Wenn Sie selbst keine Getreidemühle haben, lassen Sie sich für das Müsli, für die Grütze oder den Frischkornbrei das Getreide am Vortag im Reformhaus, im Bio-Laden schroten. Am besten ist es aber, Sie kaufen sich eine Getreidemühle. Sie werden sie auch in den nächsten Wochen brauchen. Sehr praktikabel und leicht zu reinigen sind Mühlen mit einem Keramik-Werk.

Süßen Sie statt mit Zucker mit Honig.

Trinken Sie bitte auf jeden Fall morgens einen Tee, der den Stoffwechsel aktiviert. Verzichten Sie auf Fertig-Tees, holen Sie sich besser aus der Apotheke oder aus dem Reformhaus folgende Zutaten: 20 g Haferstroh, 5 g Rosmarin, 10 g Scharfgarbenblüte, 10 g Goldruten, 5 g Brennesselblätter, 10 g Orangenblütenknospen, 10 g Pfefferminze, 10 g Melisse. Pro Tasse bitte einen Teelöffel der Mischung. Am besten ist es, wenn Sie morgens schon zwei Tassen des Tees trinken.

Zwischenmahlzeiten sind erlaubt, aber bitte nur Obst. Mal einen Apfel, mal eine Birne oder eine

Banane. Essen Sie das Obst, das Ihnen schmeckt, aber höchstens viermal am Tag.

Die Angaben in den Rezepten gelten für eine Person.

ENTGIFTUNGS-PHASE

1. TAG

Frühstück

Frischkorn mit Banane

ca. 50 g Hafer
½ Banane
1 EL Sahne
1 TL Honig

Hafer am Vorabend in Wasser einweichen, mit Banane, Sahne, Honig morgens servieren.

Mittagessen

Pfannkuchen mit Gemüse

2 EL Haferkorn (fein geschrotet)
Wasser, Salz
½ Paprika
4 Blumenkohlrosetten
1 EL Erbsen
10 Bohnen
1 Möhre

Gemüse dünsten, Korn mit Salz und Wasser mischen, in der Pfanne goldgelb anbraten. Das Gemüse auf dem Pfannkuchen servieren.

Abendessen

Buntes Gemüse

Gemüse nach Jahreszeit, zum Beispiel Spargel, Brokkoli, Möhren, Zucchini, dünsten und warm servieren.

ENTGIFTUNGS-PHASE

2. TAG

Frühstück

Kerniger Joghurt

½ EL Weizenkeime
½ EL Vollwerthaferflocken
½ EL Kokosraspeln
1 TL Honig
200 g Dickmilch

Keime, Flocken, Raspeln mit Honig und Dickmilch verrühren, servieren.

Mittagessen

Kartoffel-Pilz-Auflauf

50 g Kartoffeln
50 g Pilze
5 g Stärkemehl
5 g Weizenfeinschrot
10 g Hartkäse
¼ Zwiebel
Öl
Kräuter
Salz

Kartoffeln kochen, kalt mit Stärke, Soja, Käse und Salz vermengen. Diese Masse in Auflaufform geben, Pilze dazu, darauf kommen Zwiebel, Käse und Kräuter. Bei 200 Grad goldgelb backen.

Abendessen

Avocado delikat

½ große Avocado
Zitrone
Salz
etwas Honig

Avocado halbieren, salzen, mit Zitrone und Honig süßsauer abschmecken.

ENTGIFTUNGS-PHASE

3. TAG

Frühstück

Kräuterkäse mit Brot

30 g Hartkäse nach Wahl
1 Eigelb
10 g Vollwertmehl
⅛ l Milch
20 g Margarine
1 EL Würzkräuter nach Wahl
Salz

Käse mit Eigelb und Mehl vermischen, in Milch aufkochen, Margarine, Salz, Kräuter abschmecken. Kalt mit einer Scheibe Vollkornbrot servieren.

Mittagessen

Nudelauflauf

100 g Vollkornnudeln
125 g Auberginen
2 EL Olivenöl
½ Dose Nudelsoße (Bologneser Art aus dem Reformhaus)
4 EL Milch
1 Ei
1 EL Sonnenblumenkerne

Nudeln kochen, Auberginen waschen, würfeln, salzen und anbraten. Nudeln in feuerfeste Form geben, Nudeln und Soße darüber. Aus Milch, Ei und Sonnenblumenkernen eine Soße machen, über die Nudeln geben. Alles bei 200 Grad etwa 50 Minuten backen.

Abendessen

Weißkrautsalat

150 g Weißkraut
2 EL Sauerrahm
Honig
20 g gehackte Haselnüsse

Weißkraut raspeln, mit Honig, Rahm und Nüssen mischen.

ENTGIFTUNGS-PHASE

4. TAG

Frühstück

Knäcke mit Hüttenkäse
2 Scheiben Knäckebrot
100 g Hüttenkäse
frische Kräuter nach Wahl.

Mittagessen

Kräuterfisch
150 g Scholle
50 g Zwiebeln
1 kleine Paprika
1 Tomate
Knoblauch
ein Schuß Weißwein
Wasser, Salz
Basilikum
Petersilie

Tomaten und Paprika würfeln, in Auflaufform geben, mit Zwiebelringen belegen. Den Fisch salzen, mit Kräutern würzen, auf das Gemüse legen. Mit Wein, Wasser und etwas Öl beträufeln, etwa 45 Minuten lang dünsten. Das Gericht mit zwei mittelgroßen gekochten Kartoffeln servieren.

Abendessen

Putenbrust mit Salat
150 g Putenbrust
Öl, Paprikagewürz
250 g Gurken
Dill

Putenbrust würzen, garen, mit Gurke servieren. Salatdressing aus Öl, Dill, Salz, Wasser.

ENTGIFTUNGS-PHASE

5. TAG

Frühstück

Schnelles Müsli

100 g Äpfel, frisch
1 EL Haferflocken
½ Becher Mager-Joghurt
Zitrone
1 TL Honig

Äpfel raspeln, mit Flocken, Joghurt, Honig und Zitrone mischen, Knäckebrot.

Mittagessen

Türkische Bohnen

150 g dicke weiße Bohnen
1 kleine Zwiebel
4 EL Gemüsebrühe
6 schwarze Oliven
1 Knoblauchzehe
Thymian
Rosmarin
Salz, 1 TL Olivenöl
Petersilie
Honig nach Geschmack

Die Bohnen kochen, Zwiebel in der Pfanne anschwitzen, mit Bohnen, Knoblauch, Rosmarin und Thymian darunterrühren. Mit Gemüsebrühe ablöschen, 35 Minuten garen lassen. Die Bohnen mit Zitrone und Honig süß-sauer abschmekken, salzen.

Abendessen

Leckere Austernpilze

300 g Austernpilze
Öl
Salz
Knoblauch

Pilze in Öl anbraten, mit Salz und Knoblauch würzen. Dazu eine Scheibe Vollkornbrot.

ENTGIFTUNGS-PHASE

6. TAG

Frühstück

Heißer Reis

4 Trockenpflaumen
50 g Vollwertreis
1 TL Honig
Zimt

Pflaumen am Vorabend einweichen, morgens mit Reis in Wasser aufkochen. Dazu Honig, Zimt. Heiß servieren.

Mittagessen

Linsensuppe

100 g Linsen
1 TL Gemüsebrühe
3 EL Sahne
Dill, Petersilie
Salz
2 EL Butter
1 Zwiebel

Linsen in Gemüsebrühe garkochen, Zwiebel in Butter anbraten, in die Suppe geben, Suppe mit Kräutern abschmecken, servieren, mit Sahnehäubchen garnieren.

Abendessen

Brokkoli mit Käse

250 g Brokkoli
10 g Butter
30 g Hartkäse nach Geschmack

Brokkoli dünsten, in Auflaufform geben, mit Butter und Käse garnieren, bei 200 Grad 15 Minuten überbacken.

ENTGIFTUNGS-PHASE

7. TAG

Frühstück

Milch mit Krispies

0,2 l Vollmilch
8 EL Rice Krispies
½ Banane

Alles im Teller mischen und servieren.

Mittagessen

Hähnchen mit Salat

½ Hähnchen
Öl
1 TL Honig
Essig
1 Kopfsalat
1 große Kartoffel

Hähnchen garen, Kartoffel kochen, Salat mit Essig und Honig süß-sauer abschmekken.

Abendessen

Süßer Pfannkuchen

30 g Buchweizenmehl
Öl, Salz
Wasser
1 Messerspitze Backpulver
30 g Sesamkörner
Honig nach Geschmack

Aus Mehl, Salz, Wasser und Sesamkörnern einen dünnen Teig machen. Das Backpulver dazugeben, goldgelb in Öl anbraten. Mit Honig abschmecken.

ENTGIFTUNGS-PHASE

8. TAG

Frühstück

Dickmilch mit Erdbeeren

150 g Dickmilch (Magerstufe)
50 g Erdbeeren
1 Knäckebrot

Dickmilch mit Erdbeeren verrühren. Dazu das Knäkkebrot essen.

Mittagessen

Rösti mit grünem Salat

180 g gekochte Kartoffeln
Salz
1 EL Öl
½ grüner Salat
Zitrone

Kartoffel in Würfel schneiden, salzen, in Öl goldgelb braten, Salat mit Zitrone abschmecken.

Abendessen

Apfelgrütze

50 g Buchweizen
3 Apfelscheiben
Honig, Zimt

Buchweizen in ¼ l Wasser 20 Minuten zusammen mit den Apfelscheiben köcheln, mit Zimt und Honig abschmecken.

ENTGIFTUNGS-PHASE

9. TAG

Frühstück

Radieschen mit Brot

2 Bund Radieschen
2 Scheiben Vollkornbrot
Butter
Salz

Radieschen waschen, in Scheiben schneiden. Brote mit Butter streichen, mit Radieschen garnieren.

Mittagessen

Weißer Kohlrabi

½ Kohlrabi
2 EL Milch
1 EL Sahne
1 EL Vollkornmehl
15 g Parmesan
1 TL Butter
Salz
Pfeffer

Kohlrabi würfeln, garen. Mehl mit Milch verrühren, aufkochen, mit Sahne und Gewürzen mischen, Kohlrabi und Soße in Auflaufform mit Parmesan überstreuen, 15 Minuten aufbakken.

Abendessen

Karottensuppe

100 g Karotten
20 g Porree
2 Zwiebelscheiben
1 EL Öl
Salz
Pfeffer
Lorbeer
Knoblauch

Karotten, Porree, Zwiebeln in Öl dünsten, mit 250 ml Wasser auffüllen, 40 Minuten köcheln, mit Knoblauch abschmecken.

ENTGIFTUNGS-PHASE

10. TAG

Frühstück

Birnen-Müsli

2 EL Fertigmüsli (ungesüßt)
2 EL Joghurt (fettarm)
½ Birne
Honig
1 Knäckebrot

Müsli, Joghurt und Birne verrühren. Dazu ein Knäkkebrot.

Mittagessen

Blumenkohl mit Ei

2 Eier
150 g Blumenkohl
1 EL Magerquark
1 EL Sahne
Salz
Dill

Blumenkohl garen, aus Quark, Salz, Dill, Sahne eine Soße rühren. Eier braten. Kohl mit Soße servieren.

Abendessen

Brokkoli mit Käse

200 g Brokkoli
15 g Parmesan
1 TL Öl
Salz
Pfeffer

Brokkoli in feuerfeste Form, mit Öl bestreichen, mit Parmesan bestreuen, würzen. 10 Minuten backen.

ENTGIFTUNGS-PHASE

11. TAG

Frühstück

Back-Apfel

1 Apfel
1 EL Diätmarmelade
Zimt
1 Scheibe Vollkornbrot

Apfel, ungeschält, leicht aushöhlen, mit Marmelade und Zimt füllen, im Ofen backen, mittlere Temperatur.

Mittagessen

Gehacktes mit grünem Salat

50 g mageres Rindfleisch
50 g mageres Kalbfleisch
1 Eigelb
2 Zwiebelscheiben
30 g Champignons
Salz
Pfeffer
Zitrone
½ Kopfsalat

Fleisch gehackt kaufen, mit Eigelb, Zwiebel, Champignons und Gewürzen mischen, in Kuchenform etwa 40 Minuten im Ofen backen. Mit Salat, der mit Zitrone beträufelt wird, warm oder kalt servieren.

Abendessen

Radieschen-Brot

2 Scheiben Vollkornbrot
2 Bund Radieschen
Salz

Radieschen raspeln, damit Brote garnieren, salzen.

ENTGIFTUNGS-PHASE

12. TAG

Frühstück

Toast mit Ei

1 Ei
1 Vollkorntoast
½ Grapefruit

Toast rösten, mit weichem Ei garnieren. Dazu die halbe Grapefruit servieren.

Mittagessen

Reissalat indisch

40 g Vollkornreis
1 Apfel
1 Mandarine
1 EL Sultaninen
2 EL Zitronensaft
1 EL Sonnenblumenöl
1 TL Sonnenblumenkerne
Knoblauch
Petersilie
Curry
Pfeffer
Süßstoff

Reis garen, mit Obst und gequollenen Sultaninen in Schüssel geben, mit Soße aus Öl, Zitronensaft, Curry, Pfeffer und Petersilie mischen. 15 Minuten ziehen lassen, mit Sonnenblumenkernen garnieren und servieren.

Abendessen

Gemüseragout

40 g Tofu aus dem Reformhaus
6 grüne Bohnen
1 Artischockenboden
25 g Champignons
½ Zucchini
Gemüsebrühe aus dem Reformhaus
Zwiebeln
½ EL Öl, Weißwein

Gemüse zerkleinern, in feuerfeste Form geben, mit Knoblauch, Salz und Pfeffer würzen, mit 100 ml Gemüsebrühe und einem Schuß Weißwein übergießen, 50 Minuten garen. Tofu vor dem Servieren auf dem Gemüse verteilen.

ENTGIFTUNGS-PHASE

13. TAG

Frühstück

Pflaumenreis

4 Trockenpflaumen
50 g Vollkornreis
Zimt
Süßstoff

Reis mit Pflaumen einkochen, mit Zimt und Süßstoff abschmecken.

Mittagessen

Tomaten mit Käsecreme

2 Tomaten
30 g gehacktes Kalbfleisch
2 Scheiben Paprika (grün)
50 g Frischkäse
2 EL Magerquark
1 EL Milch
Salz, Pfeffer

Tomaten aushöhlen, Gehacktes mit Paprika mischen, zusammen mit Käse, Joghurt und Milch verrühren, als Füllung nehmen. Tomaten 10 Minuten backen.

Abendessen

Sauerkrautsalat

50 g Sauerkraut
2 saure Apfelscheiben
Zitrone
Kümmel
Essig
½ EL Öl

Sauerkraut, Apfel, Öl, Saft und Gewürze mischen, 15 Minuten ziehenlassen, servieren.

ENTGIFTUNGS-PHASE

14. TAG

Frühstück

Croissant Paris

1 Croissant
1 Tasse Milch (fettarm)
Kaffee

Milch und Kaffee mischen, als Tunke für das Croissant.

Mittagessen

Spinat mit Rührei

200 g Spinat
1 TL Butter
1 kleine Zwiebel
1 Knoblauchzehe
2 Eier
Salz
Muskat

Spinat mit Butter und gehackter Zwiebel dünsten, pürieren, mit Knoblauch, Salz abschmecken. Eier mit 2 EL Wasser verrühren, goldbraun braten.

Abendessen

Gemüsepfanne chinesisch

4 Champignons
1 kleine Zwiebel
60 g Sellerie
80 g Möhre
2 Scheiben Paprika (rot)
30 g Bambussprossen
Knoblauch
Ingwer
1 EL Sesamöl
Sojasoße
Süßstoff

Zwiebeln in Öl anbraten, mit 1 Tasse Wasser auffüllen, Gemüse dazu. Alles garen lassen, etwa 10 Minuten lang. Gemüse mit Sojasoße, Süßstoff, Salz, Pfeffer und Knoblauch abschmecken.

ENTGIFTUNGS-PHASE

Tees,

die die Diät unterstützen

Blutreinigungs-Tee

30 g Löwenzahnkraut
10 g Fenchelkörner
30 g Queckenwurzel
30 g Wegwartewurzel

Aus allen Zutaten eine Mischung machen. Morgens in einem halben Liter Wasser 1 Eßlöffel der Mischung aufbrühen. Den Tee 15 Minuten ziehen lassen. Zum Frühstück, zum Mittagessen, zum Abendessen je 1 Tasse davon trinken.

Stoffwechsel-Aktivator

40 g Stiefmütterchenkraut
30 g Birkenblätter
30 g Brennesselkraut

Zutaten aus der Apotheke mischen, morgens 2 Teelöffel der Mischung für 1 Becher Tee kurz aufkochen, etwa 10 Minuten ziehen lassen. Zum Frühstück trinken.

Cholesterin-Bremse:

30 g Mainarben
30 g Koemis Koetjing (indischer Nierentee)
15 g Sennesblätter
15 g Faulbaumrinde
10 g Kümmelkörner (zerrieben)

Aus allen Zutaten eine Mischung machen. 1 Eßlöffel der Mischung für 1 Tasse Wasser (etwa 40 Grad). Am besten mittags und abends trinken.

Die Entgiftungs-Phase. Was Patienten berichten

Ich habe etwas erlebt, was mir bei Diäten noch nie passiert ist: Es fiel mir leicht, durchzuhalten, obwohl die Entgiftungs-Phase nun alles andere als besonders üppig ist. Aber das Obst, das ich zwischendurch essen konnte, hat mich ganz gut gesättigt. Aber nun zu meinen Erfolgen: Ich habe in den 14 Tagen exakt 6,5 Kilo abgenommen, wiege jetzt bei 1,54 Metern 56 Kilo. Aber das lästige Übergewicht war eigentlich nicht der Grund, warum ich die Diät gemacht habe. Der Grund ist, daß ich kurz vor einer schweren Operation stehe. Die Ärzte haben in meiner rechten Brust ein Karzinom gefunden, wollen es in ein paar Wochen entfernen. Ich wollte mich mit der Krebs-Diät körperlich auf diese Operation vorbereiten, wollte einfach fit sein für den Tag, an dem ich unters Messer muß. Schon nach den ersten 14 Tagen habe ich das Gefühl, daß ich mich körperlich viel wohler fühle. Ich habe mehr Energien, bin trotz des Schocks über den Brustkrebs aktiv, auch ganz gut gelaunt.

Helga S., 46, Hamburg

Mein Hausarzt hat mir dringend von der Diät abgeraten. Er meinte, ich würde mir einfach zuviel zumuten, wenn ich nach der Operation auch noch die Ernährung umstellen würde. Aber ich habe gespürt, daß ich etwas tun muß, nicht immer nur warten kann. Und ich habe die Diät vier Wochen nach der Entfernung eines Gebärmutterhalskrebses angefangen. Heute bin ich sehr froh, denn ich habe durch die Diät nach vielen, vielen Monaten zum ersten Mal wieder das Gefühl, selbst etwas tun zu können. Sei es auch nur durch die Ernährung. Abgenommen habe ich nicht, weil ich das auch nicht durfte. Ich wiege nach all dem Kummer der letzten Monate nur noch 49 Kilo bei einer Größe von 1,66 Metern. Ich habe also schon Untergewicht. Darum konnte ich mich nicht an die Mengenangaben in den Rezepten halten, sondern nur an die Zusammenstellung der Nährstoffe. Oft habe ich die dreifache Menge gegessen, weil ich einfach einen viel größeren Appetit hatte.

Petra Z., 34, Frankfurt

Meine Frau hat die gesamte Krebs-Diät gemacht und sich von ihrem Krebs im Unterleib nicht nur erholt, sondern nach Angaben der Ärzte im Klinikum auch erheblich an Abwehrkraft gewonnen. Ich habe, obwohl ich kerngesund bin, bei der Entgiftungs-Phase mitgemacht. Einfach nur, um abzunehmen. Mein Erfolg: In zwei Wochen waren 6 Kilo runter.

Horst K., 48, Bremen

In meiner Familie ist Krebs ein wirkliches Leiden. Meine Mutter ist an Unterleibskrebs verstorben, meine Schwester hat bereits eine Brust verloren. Und mein Bruder, ein sehr, sehr starker Raucher, hat Lungenkrebs. Ich selbst habe keinen Krebs. Aber natürlich habe ich Angst, auch an diesem Leiden zu erkranken. Und darum habe ich die Krebs-Diät gemacht. Ich habe mich in allen Wochen sehr wohl gefühlt, vor allem in der Entgiftungs-Phase, in der ich nicht ein einziges Mal unter Kopfschmerzen gelitten habe. Vielleicht rede ich es mir ein. Aber ich glaube, durch die Diät bin ich auch längst nicht mehr so wetterfühlig wie vorher. Das mag sicher daran liegen, daß ich insgesamt aktiver geworden bin.

Ilona B., 54, Koblenz

Mein Arzt hatte mir schon immer geraten, die Ernährung umzustellen. Aber leider hat er mir nie gesagt, wie ich das anfangen soll. Daher war ich dankbar, als mir Dr. Köhnlechner die Rezepte der Krebs-Diät gab. Mein Problem war nicht der Krebs, sondern etwas ganz anderes: Ich fühle mich seit Jahren sehr, sehr schlapp, bin auch sehr schnell depressiv. Das alles war nach der Entgiftungs-Phase viel besser. Heute habe ich meine Ernährung ganz umgestellt, verzichte auf viel Fleisch, auf Süßigkeiten. Und ich bin überzeugt: So schütze ich mich vor Krebs, ja vor allen schlimmen Krankheiten.

Josef H., 36, München

Ich bin selbst Arzt. Und war sehr, sehr skeptisch, als mir ein guter Freund riet, doch einmal nur aus Interesse die Krebs-Diät zu machen. Aber heute bin ich von der Heilkraft der Nahrung überzeugt, empfehle meinen Patienten bei den meisten Leiden eine grundsätzliche Ernährungsumstellung. Was mich überzeugt hat, war letztlich dies: Seit Jahren habe ich mich nicht mehr so vital und leistungsfähig gefühlt wie nach der Diät, vor allem nach den ersten zwei Wochen, also nach der Entgiftungs-Phase. Ich bekam Hautausschläge in den ersten Tagen, weil meine Haut mitentgiftete. Aber dann wurde alles besser. Bei meiner Familie übrigens auch: Meine Frau und ich verloren je 5 Kilo in den ersten zwei Wochen. Übergewicht, das wir schon immer loswerden wollten. Und mein Sohn, der seit Jahren unter leichtem entzündlichem Rheuma leidet, hat mir versichert: Die Diät funktioniert, seine Schmerzen sind geringer geworden.

Dr. Peter P., 53, Berlin

Ich möchte wirklich nicht immer so essen wie in den ersten zwei Diätwochen. Soviel Getreide und so wenig Fleisch. Das ist einfach nichts für mich. Aber geholfen hat diese Kur. Ich habe in den ersten zwei Wochen 6 Kilo verloren. Und was noch viel, viel wichtiger für mich war: Mit der Entgiftungs-Phase wurde meine Schuppenflechte ganz erheblich gebessert. Ich konnte alle Cortison-Cremes absetzen, benutze jetzt zur Beruhigung der irritierten Hautstellen im Gesicht lediglich nur eine entzündungshemmende Kamillen-Creme. Und wenn die Schuppenflechte wieder schlimmer wird, dann lebe ich einfach wieder ein paar Tage nach der Diät, mache wenigstens die ersten sieben Tage der Entgiftungskur.

Karl S., 27, Mönchengladbach

Die Immun-Phase. Was Sie wissen müssen

In den nächsten 14 Tagen werden Sie all das essen, was die Natur an Köstlichkeiten bietet: Hase, Lamm, Forelle, Scholle. Dazu Reis, Spaghettis, Kartoffeln. Und wieder viel, viel Gemüse und Salat. Und sicher werden Sie sich fragen, wieso gerade all diese Dinge Ihr Immunsystem stärken sollen. Die Antwort finden Sie selbst, wenn Sie sich bitte einmal ansehen, an welchen Tagen Sie was essen. Gibt es zum Beispiel Hähnchen, werden Sie an diesem Diättag kein Rezept finden mit einer anderen Fleischart. Gibt es morgens Buchweizengrütze, werden Sie für diesen Tag kein anderes Getreide auf dem Speiseplan finden.

Die Immun-Phase ist so aufgebaut, daß Sie an einem Tag möglichst immer nur Nahrungsmittel aufnehmen, die in ihrer Struktur sehr ähnlich sind. Das heißt: In der Immun-Phase muten Sie Ihrem Körper und Ihrem Immunsystem nicht Hunderte von unterschiedlichen Stoffen zu, sondern nur einige wenige. So kann Ihr Immunsystem regenerieren, seine Kraft für andere Dinge, zum Beispiel zur Bekämpfung von Krankheiten, ganz nutzen.

Der eigentliche Zweck neben der optimalen Versorgung mit allen wichtigen Vitaminen, Mineralien und Vitalstoffen ist in der Immun-Phase aber ein anderer: Ihr Körper soll sich einmal von Nahrungsmittel-Allergien erholen können.

Viele werden jetzt sicher denken: Warum das, ich habe doch gar keine Allergie? Auf diese Frage gibt es immer nur eine Gegenfrage: Woher wissen Sie das?

Millionen leiden unter sogenannten versteckten Lebensmittel-Allergien, sind überempfindlich gegen Fleisch, gegen ein bestimmtes Gemüse, gegen ein bestimmtes Gewürz. Ihr Immunsystem läuft Amok, wenn der Stoff in den Körper gelangt, wehrt sich mit Entzündungen, mit Müdigkeit, mit rheumatischen Schüben, mit Kopfweh, mit Depressionen. Aber er wehrt sich nicht mit dem, was heute das sicherste Symptom für eine Allergie ist: Mit Hautrötungen. Oder gar mit Nesselfieber.

Erst in den letzten Jahren – Schrittmacher waren wieder einmal die Amerikaner – widmen Ärzte den versteckten Lebensmittelallergien mehr Aufmerksamkeit. Es gibt Testverfahren, bei denen Patienten bis zu 300 Substanzen gespritzt werden. Und man kann dann relativ leicht feststellen, ob eine versteckte Lebensmittelallergie vorliegt.

Die Immun-Phase ist auch ein Allergie-Test. Er ist sehr einfach. Aber er braucht viel Unterstützung durch den, der ihn machen will. Also durch Sie.

Die Nahrung der Immun-Phase ist so aufgebaut, daß Sie ein und dasselbe Nahrungsmittel nur alle sieben Tage zu sich nehmen. Das heißt, wenn Sie zum Beispiel eine versteckte Allergie gegen Roggenbrot haben, wird Ihr Immunsystem sechs Tage lang nicht durch den Stoff gereizt. Aber am siebenten Tag ist alles anders: Da werden Sie in Ihrem Wohlbefinden etwas spüren, wenn Sie bereit sind, in sich hineinzuhören. Und der Tag, an dem Sie eine Störung Ihres Wohlbefindens spüren, an dem Sie sich vielleicht schlapper als an den anderen Tagen fühlen, an dem Sie vielleicht Kopfweh bekommen, dieser Tag ist besonders wichtig. Denn wenn Sie die Rezepte dieses Tages durchgehen, dann werden Sie wissen, welche Nahrungsgruppe möglicherweise bei Ihnen für Befindlichkeitsstörungen und einer damit verbundenen Immunstörung verantwortlich ist.

Lassen Sie diese Nahrungsmittel künftig ganz weg. Und ersetzen Sie sie bitte nach der Immun-Phase durch Speisen, die Ihnen lieber sind. Aber während der Immun-Phase sollten Sie bitte nicht experimentieren. Halten Sie sich an die Rezepte, sonst finden Sie nicht heraus, was Ihnen bei der Nahrung schadet.

Nur eine Ausnahme ist erlaubt: Es ist die natürliche Antipathie, die so mancher gegen bestimmte Nahrungsmittel hat. Also, wer nie Fisch ißt, weil er ihm nicht schmeckt, der muß sich auch in der Immun-Phase keinen Fisch hineinquälen. Lassen Sie an Tagen, an denen es in den Rezepten Dinge gibt, die Sie nicht mögen, einfach etwas weg. Und erhöhen Sie dafür die Mengen der anderen Zutaten, die für den Tag gelten. Aber bitte tun Sie nicht das, was die ganze Phase gefährden kann. Ersetzen Sie zum Beispiel nicht nach eigenem Geschmack den Fisch des Tages durch ein Hähnchen oder durch ein saftiges Rindersteak.

Weil es darum geht, in den nächsten 14 Tagen möglichst viele Nahrungsgruppen zu testen, sind die Rezepte der Immun-Phase nicht immer einfach. So manches Gericht wird für Sie schon deswegen ein Problem darstellen, weil es bestimmte Gemüse- und Obstsorten in der Jahreszeit, in der Sie die Immun-Phase machen, nur sehr teuer auf dem Markt oder beim Feinkosthändler gibt. Weichen Sie in solchen Situationen auf Tiefkühlware aus, die nach Möglichkeit aber unbehandelt und ungesüßt sein sollte. In den Reformhäusern gibt es oft auch Trockenfrüchte, die zu verwenden sind. Vorausgesetzt, sie wurden nicht geschwefelt.

In den Rezepten der Immun-Phase finden Sie auch, anders als bei der Entgiftungs-Phase, Kalorienangaben. Halten Sie sich an diese Angaben, werden Sie auch in der zweiten Phase der Krebs-Diät abnehmen, in 14 Tagen nochmal 5 bis 6 Pfund. Wenn Sie die Mengen der einzelnen Zutaten nach Ihrem Appetit erhöhen, schadet das nicht. Die Immun-Stärkung wird dadurch nicht beeinträchtigt, sehr wohl aber Ihr Gewicht.

Ansonsten sollten Sie in den nächsten 14 Tagen dies beachten:

Bitte keine Zwischenmahlzeiten einlegen. Und wenn Sie denn doch einmal schwach werden sollten, dann essen Sie nur von dem, was an diesem Tag auf dem Speiseplan steht.

Trinken Sie viel, am besten Tees, zum Beispiel Hagebutten- oder Pfefferminztee. Oder, was am neutralsten ist, täglich zwei Liter Mineralwasser. Wichtig: Milch nur an den Tagen, an denen in den Rezepten Milch erlaubt ist.

Verzichten Sie auf Salz und Zucker. Und verwenden Sie zum Würzen bitte auch nur die Gewürze, die in den Rezepten angegeben sind.

Die Angaben in den Rezepten gelten für eine Person.

Viele der Zutaten, zum Beispiel Ursüße, bekommen Sie im Reformhaus oder im Bio-Laden. Sollten Sie selbst eingemachtes Obst haben, können Sie es natürlich verwenden. Vorausgesetzt, Sie haben es nicht zu stark gezuckert. Auch Konserven können verwendet werden. Aber das sollte die Ausnahme sein, denn Konserven haben wenig Vitalstoffe. Um die Produkte haltbar zu machen, wurden sie stark gekocht. Obst aus Konserven hat nicht nur diesen Nachteil, sondern oft auch noch einen anderen: Die Hersteller verwenden Zucker oder Sirup, also echte Kalorienbomben.

IMMUN-PHASE

1. TAG

Frühstück

Buchweizenmüsli

40 g Buchweizenkörner
1 Apfelsine
Saft von einer Apfelsine
1 TL Sesamkörner
1 TL Leinsamen

Buchweizenkörner am Abend zuvor in einer Tasse Wasser einweichen. Eine Apfelsine in Stücke schneiden und zusammen mit den Sesam- und Leinsamenkörnern unter das Getreide mengen. Mit dem Saft einer ausgepreßten Apfelsine verflüssigen. (336 kcal.)

Mittagessen

Buchweizenpfannkuchen mit Mangoldfüllung

30 g Buchweizenmehl
1 Teelöffel Sesamöl
1 Prise Salz, 1 Ei
70 ml Mineralwasser
1 Msp. Weinsteinbackpulver
1 Prise geriebene Muskatnuß
250 g frischen Mangold
30 g Sesamkörner
1 EL Sesamöl

Aus diesen Zutaten einen Pfannkuchenteig herstellen. Mangoldstiele zusammen mit Blättern in Streifen schneiden und in wenig Wasser dünsten. Gut abtropfen lassen. Das Öl in einer Pfanne erhitzen und den Pfannkuchen von beiden Seiten goldgelb braten. Mangold darauf verteilen, mit Seamkörnern bestreuen und einrollen. (490 kcal.)

Nachspeise: frische Apfelsine

Abendessen

½ Avocado, Zitronensaft
Salz oder Ur-Süße

Die halbierte Avocado mit Zitronensaft beträufeln und mit Salz oder Ur-Süße abschmecken. (250 kcal.)

IMMUN-PHASE

2. TAG

Frühstück

Weizenschrotmüsli mit Äpfeln und Haselnüssen

3 EL Weizenschrot
1 Apfel
10 g gehackte Haselnüsse
150 g Kefir

Weizenschrot abends in Wasser einweichen, am anderen Morgen die restlichen Zutaten zu einem Müsli vermengen. (365 kcal.)

Mittagessen

Vollkornspiralen mit Krabbenrahm

80 g Vollkornspiralnudeln
100 g Eismeerkrabben (frisch oder TK)
10 g Butter
50 ml Schlagsahne
schwarzer Pfeffer
Salz
2 EL geriebenen Greyerzer Käse

Nudeln in Salzwasser nach Vorschrift garen. Die Krabben in Butter kurz andünsten, Sahne und Gewürze dazugeben und cremig einkochen. In einem tiefen Teller anrichten und mit dem Käse bestreuen. (668 kcal.)

Abendessen

Weißkrautsalat

150 g Weißkraut
2 EL Sauerrahm
1 TL Birnendicksaft
20 g Haselnüsse (gehackt)

Weißkraut fein raspeln und mit den restlichen Zutaten einen Salat bereiten. (254 kcal.)

IMMUN-PHASE

3. TAG

Frühstück

Hirsebrei mit Johannisbeeren

40 g Hirse
150 ml Wasser, 1 Prise Salz
150 g Johannisbeeren
10 g Walnußkerne
1 Prise Zimt, 1 TL Honig

Hirse am Vorabend in Wasser einweichen. Morgens die Hirse im Einweichwasser 15 Minuten aufkochen, dabei wiederholt umrühren. Johannisbeeren, gehackte Walnußkerne, Zimt und Honig unterrühren. (300 kcal.)

Mittagessen

Gefüllte Zucchini

1 mittelgroße Zucchini
50 g Schafskäse
frische Zitronenmelisse
Salz, 20 g Walnußkerne
40 g gekochte Hirse

Die Hirse wie morgens zubereiten. Zucchini 3–4 Minuten in kochendem Wasser blanchieren, danach längs halbieren und das Fleisch bis auf ca. ½ cm Rand herauslösen. Das Fleisch kleinhakken und mit den restlichen Zutaten vermengen. Die Masse in die Zucchinihälften füllen und in Auflaufform geben. Ca. 40 Min. bei ca. 220 Grad backen. (429 kcal.)

Abendessen

Gegrillte Putenbrust

150 g Putenbrust
1 TL Walnußöl
Salz, Paprikagewürz

Öl, Salz und Paprika mischen und damit das Putenfleisch einreiben. Im Ofen grillen. (324 kcal.)

Gurkensalat

250 g Gurken
½ Bund frischer Dill
2 EL Sherryessig, 1 EL Distelöl

Gurken mit Essig, Öl, Salz und frischem gehacktem Dill anrichten.

IMMUN-PHASE

4. TAG

Frühstück

Cornflakes

40 g Cornflakes
100 g Heidelbeeren
150 ml Heidelbeersaft (Muttersaft)
1 TL Ahornsirup
1 EL Kokosflocken

Die Zutaten zu einem Müsli mischen. (369 kcal.)

Mittagessen

Lammgulasch

50 g Gerste
150 ml Wasser
150 g Lammgulasch
Salz, Thymian
Wacholder, ein Hauch Koriander
2 EL Preiselbeeren

Die Gerste in Salzwasser 1 Stunde weichkochen, evtl. etwas Wasser nachfüllen. Das Fleisch scharf anbraten, würzen und mit 2 Tassen Wasser schmoren lassen. Gulasch zusammen mit der Gerste und den Preiselbeeren servieren. (540 kcal.)

Abendessen

Feldsalat mit Champignons

250 g Feldsalat
150 g Champignons
1 Zwiebel
1 EL Sherryessig
1 EL Maiskeimöl

Feldsalat und Champignons gut waschen. Die Champignons in Scheiben, die Zwiebel in kleine Stücke schneiden und mit den restlichen Zutaten einen Salat zubereiten. (222 kcal.)

IMMUN-PHASE

5. TAG

Frühstück

Müsli aus Reisflocken

40 g Reisflocken
120 ml Wasser
3 Aprikosen, 1 TL Honig
10 g Pinienkerne

Reis in kochendes Wasser einstreuen und etwa 1 Minute aufkochen. Mit einem Teelöffel Rapshonig und etwas Zitronensaft abschmecken. Aprikosen würfeln und zusammen mit den Pinienkernen unterrühren. (324 kcal.)

Mittagessen

Schollenfiletröllchen

Schollenfilets (ca. 200 g)
Zitronensaft
Salz, frische Petersilie
100 g Karotten
100 g Knollensellerie
2 EL Olivenöl
50 g Vollkornreis

Schollenfilets mit Zitronensaft säuern und salzen. Mit der Hautseite nach innen aufrollen. Das Öl in einer Pfanne erhitzen und das in Würfel geschnittene Gemüse darin andünsten. Die Filetröllchen hineinsetzen und alles 10 Minuten zugedeckt garen. Den Vollkornreis nach Vorschrift kochen. Alles auf einem Teller anrichten und mit Petersilie garnieren. (542 kcal.)

Abendessen

Karotten-Sellerie-Rohkost

200 g Karotten
100 g Knollensellerie
10 g Pinienkerne
1 EL Olivenöl
Zitronensaft, Salz

Karotten und Sellerie schälen und grob raspeln. Mit den Pinienkernen, dem Öl und den Gewürzen zu einem Salat vermischen. (294 kcal.)

IMMUN-PHASE

6. TAG

Frühstück

Roggenmüsli

40 g Roggenschrot
150 ml Wasser, 1 Kiwi
150 ml Sojamilch
10 g frische Erdnüsse

Den Roggenschrot über Nacht einweichen. Morgens alle Zutaten zu einem Müsli vermischen. (328 kcal.)

Mittagessen

Bohnenfrikadellen mit Kopfsalat

40 g gelbe Sojabohnen
200 ml Wasser
20 g frische Erdnüsse
2 EL Sojamehl
1 Msp. Kurkuma
1 Msp. Kreuzkümmel
½ TL Ingwersirup
2 EL Erdnußöl
1 kleiner Kopfsalat
1 EL Erdnußöl
Essig, Salz

Bohnen über Nacht in 150 ml Wasser einweichen. Danach in 100 ml Wasser im Dampfdrucktopf ca. 25 Minuten garen. Nüsse kleinhacken, mit Sojamehl und Gewürzen mischen. Sojabohnen dazugeben und alles gründlich verkneten. Kleine Frikadellen formen und in heißem Öl von beiden Seiten ca. 5 Minuten braten. Aus den anderen Zutaten einen Salat bereiten. (622 kcal.)

Abendessen

Panierter Tofu

100 g Tofu
2 EL Sesamkörner
1 EL Erdnußöl
1 Msp. Kurkuma
1 Msp. Kreuzkümmel
1 Prise Salz

Tofu in ½ cm dicke Würfel schneiden, in Sesam wälzen und in heißem Öl ca. 10 Minuten braten, dabei gelegentlich wenden. (281 kcal.)

IMMUN-PHASE

7. TAG

Frühstück

Haferflockenmüsli

40 g Haferflocken
100 g Kirschen
150 ml Kirschsaft
10 g Sonnenblumenkerne

Aus den Zutaten ein Müsli bereiten. (368 kcal.)

Mittagessen

Rindergulasch mit Ratatouille

150 g mageres Rindergulasch
1 Tomate
1 Paprika
1 kleine Aubergine
Cayennepfeffer
Salz
2 EL Sonnenblumenkernöl
2 kleine Kartoffeln (100 g)

Das Fleisch würzen, im Dampfdrucktopf scharf anbraten und garen. Das Gemüse waschen, kleinschneiden und in der Pfanne garen. Kartoffeln kochen. Gemüse zu dem Fleisch geben, noch mal abschmekken und zu den Kartoffeln servieren. (515 kcal.)

Abendessen

Tomaten-Bananen-Salat

2 Tomaten
1 Banane
1 EL Sonnenblumenöl
1 EL Sonnenblumenkerne
Salz, Essig

Die Tomaten und die Banane in Scheiben schneiden. Auf einem Teller abwechselnd anrichten und mit der Essig-Öl-Marinade übergießen. Zuletzt die Sonnenblumenkerne darüberstreuen. (312 kcal.)

IMMUN-PHASE

8. TAG

Frühstück

Buchweizenmüsli mit Grapefruit

40 g Buchweizenkörner
1 Grapefruit
1 TL Sesamkörner
1 TL Leinsamen
1 TL Ur-Süße

Buchweizenkörner am Abend zuvor in einer Tasse einweichen. Die Grapefruit halbieren, die eine Hälfte auspressen, die andere Hälfte in Stücke schneiden. Alle Zutaten zu einem Müsli vermischen. (320 kcal.)

Mittagessen

Russische Blinis mit Avocadopüree

40 g Buchweizenmehl
¼ Würfel Hefe, 60 ml Wasser
1 Ei, 1 Prise Zucker
1 Prise Salz

Zerbröckelte Hefe über das Buchweizenmehl geben und mit lauwarmem Wasser übergießen. Das Ei, Zucker und Salz dazugeben und alles zu einem Teig verrühren. 1 Eßlöffel Sesamöl in einer Pfanne erhitzen und den Teig so hineingießen, daß 4 kleine Küchlein (Blinis) entstehen. Von beiden Seiten ca. 2 Minuten braten. (446 kcal.)

Avocadopürree

1 halbe Avocado
Zitronensaft, Salz

Avocadofleisch herauslösen, würzen und pürieren.

Abendessen

Überbackener Spinat

250 g Spinat, Salz
geriebene Muskatnuß
50 g Ziegenkäse (Weichkäse)

Spinat kochen, würzen und in eine feuerfeste Form geben. Mit Ziegenkäse bestreuen und ca. 20 Minuten im Ofen bei 200 Grad überbacken. (262 kcal.)

IMMUN-PHASE

9. TAG

Frühstück

Müsli mit Weizenflocken und Birnen

40 g Weizenflocken
1 EL Birnenfein (Firma Heirler)
1 Birne
10 g Haselnüsse
100 ml Joghurt (mager)

Aus den Zutaten ein Müsli bereiten. (375 kcal.)

Mittagessen

Blumenkohl-Grünkern-Auflauf

1 kleiner Blumenkohl (500 g)
200 ml Wasser
Salz
40 g Grünkern
1 Prise geriebene Muskatnuß
150 ml Sauerrahm
2 EL Milch
30 g geriebenen Gouda

Den Blumenkohl in Röschen teilen und ca. 8 Minuten bißfest dünsten. Die Hälfte des Kohls für den Auflauf verwenden. Grünkern in 250 ml Salzwasser ca. 40 Minuten garen und zusammen mit dem Kohl in eine gefettete Auflaufform füllen. Aus dem Sauerrahm, der Milch und den Gewürzen eine Soße bereiten und über die Blumenkohl-Grünkern-Mischung gießen. Den Käse darüberstreuen und den Auflauf ca. 20 Minuten bei 200 Grad backen. (504 kcal.)

Abendessen

Blumenkohlsalat

Die andere Hälfte des Blumenkohls mit Apfelessig, Distelöl, Salz und einem Teelöffel Birnendicksaft abschmecken. Noch 10 g gehackte Haselnüsse untermischen. (214 kcal.)

IMMUN-PHASE

10. TAG

Frühstück

Hirse mit Ananas

30 g Hirseflocken
10 g Walnußkerne (gehackt)
2 EL Akazienhonig
1 TL Walnußöl
100 g Ananasstücke

Ofen auf 180 Grad vorwärmen. Hirseflocken, Walnüsse, Honig und Öl miteinander vermischen und dünn auf ein Backblech verteilen. Ca. 30 Minuten im Ofen backen, dabei mehrmals wenden. Das Obst mit der abgekühlten Hirsemasse mischen und mit Ananassaft verflüssigen. (345 kcal.)

Mittagessen

Hirsotto mit überbackenen Zucchini

50 g Hirse
100 ml Salzwasser
100 g Erbsen
1 Lorbeerblatt
1 kleine Zucchini
50 g Schafskäse
1 EL Distelöl, Salz

Hirse waschen und in Salzwasser 20–30 Minuten leise köcheln, in den letzten 5 Minuten die Erbsen mitgaren. Die Zucchini waschen und 3 Minuten in kochendem Wasser blanchieren, in Scheiben schneiden und in einer flachen, eingefetteten Auflaufform ziegelförmig anrichten. Schafskäse zerbröckeln und über die Zucchini streuen. Bei 180 Grad ca. 15 Minuten überbacken. (542 kcal.)

Abendessen

Gurkensalat mit Schafskäse

250 g Gurken
50 g Schafskäse
1 EL Distelöl
1 EL Estragonessig
Salz, frischer Dill

Aus den Zutaten einen Salat bereiten. (265 kcal.)

IMMUN-PHASE

11. TAG

Frühstück

Gerstenflockenmüsli

40 g Gerstenflocken
10 g gehackte Mandeln
100 g Heidelbeeren
150 ml Heidelbeersaft (Muttersaft)
1 EL Kokosflocken

Alle Zutaten zu einem Müsli vermischen (376 kcal.)

Mittagessen

Hasenschlegel mit Maiskolben in Folie

1 Hasenschlegel (150–200 g)
1 EL Maiskeimöl
1 kleine Zwiebel
1 Maiskolben
1 TL Ahornsirup
Thymian
Salz, weißer Pfeffer

Hasenschlegel würzen und mit Zwiebelringen scharf anbraten. Eine Tasse Wasser dazugeben und ca. 30 Minuten schmoren lassen. Den Maiskolben putzen und in kochendem Wasser 5 Minuten garen. Abkühlen lassen. Mit Salz, Öl und Ahornsirup bestreichen, in Alufolie wickeln und im Ofen bei 225 Grad ca. 20 Minuten backen. 2 Eßlöffel Preiselbeeren zum Hasenfleisch servieren. (575 kcal.)

Abendessen

Gebratene Austernpilze

300 g Austernpilze
1 EL Maiskeimöl
Salz
½ Knoblauchzehe

Austernpilze waschen und im heißen Öl anbraten. Mit Salz und Knoblauch würzen und ca. 10 Minuten schmoren lassen. (189 kcal.)

Frühstückstee
Hagebutte,
Kamille

Schrotmühle, Getreide

Quarkbrot mit Ei

Hafer-Dinkel-Grütze

Frischkornbrei mit Obst

Rührei mit Spinat

Sauerkraut

Schollenfilet

Nudeln mit Krabben

Brokkoli-Auflauf

Gemüse-Pfan

Möhrensuppe

Gemüsesup

Gemischter Salat

Aprikose
Zitro-Cre
gebackene Banane
Obstsalat
Erdbeer-Joghurt

IMMUN-PHASE

12. TAG

Frühstück

Reisbrei mit Pfirsichpüree

40 g Rundkornreis
1 Prise Salz
2 Pfirsiche, 1 EL Honig

Den Reis garen, bis er dick und cremig wird. Die Pfirsiche zusammen mit dem Honig im Mixer oder mit dem Pürierstab pürieren. Den Reis in einem tiefen Teller anrichten und das Pfirsichpüree darübergießen. (274 kcal.)

Mittagessen

Fisch im Reisrand

50 g Vollkornreis
150 ml Wasser, Salz
200 g Goldbarschfilet
100 g Karotten, Salz
Zitronensaft
frische Petersilie

Den Reis garen. Das Fischfilet waschen, trockentupfen, mit Salz und Zitronensaft würzen und in grobe Würfel schneiden. Die Karotten schälen, in Scheiben schneiden und in Olivenöl kurz anbraten. Die Fischwürfel zugeben und ca. 200 ml Wasser dazugießen. Zugedeckt auf mittlerer Hitze ca. 15 Minuten garen. Auf dem Teller einen Reisrand anrichten und das Fischragout in die Mitte geben. Dazu gibt es ein Glas Karottensaft. (585 kcal.)

Abendessen

Fenchel-Karotten-Rohkost

1 mittelgroße Fenchelknolle
100 g Karotten
10 g Pinienkerne
1 EL Olivenöl
1 TL Zitronensaft
1 Prise Salz, ½ TL Honig

Fenchel vierteln und wie Zwiebel in feine Scheiben schneiden. Karotten schälen und grob raspeln. Aus den restlichen Zutaten eine Soße bereiten. (315 kcal.)

IMMUN-PHASE

13. TAG

Frühstück

Roggenflockenmüsli

40 g Roggenflocken
½ Papaya (ca. 250 g)
150 ml Sojamilch
50 g Tofu
1 EL Kürbiskerne

Roggenflocken nach Vorschrift garen und abkühlen lassen. Tofu und Papaya in kleine Würfel schneiden, zusammen mit der Sojamilch und den Kürbiskernen zu den Flocken geben. (344 kcal.)

Mittagessen

Sojasprossenpfanne

250 g Sojasprossen
30 g geröstete Erdnüsse
100 g Tofu
2 EL Erdnußöl
1 Knoblauchzehe
1 kleines Stück Ingwerwurzel
Salz
Ingwersirup

Sojasprossen verlesen, waschen und abtropfen lassen. Tofu in ½ cm hohe Würfel schneiden. Öl in einer Pfanne erhitzen, die geschälte Knoblauchzehe und die Ingwerwurzel anbraten. Sojasprossen und Tofu dazugeben und unter ständigem Wenden ca. 10 Minuten garen. Zuletzt die Erdnüsse unterrühren. Mit Salz und Ingwersirup abschmecken. (417 kcal.)

Nachtisch ½ Paprika (300 g) (137 kcal.)

Abendessen

Süße Tofucreme

100 g Tofu
1 Mango
1 TL Honig
1 TL Erdnußöl
1 EL frische Erdnüsse

Alle Zutaten im Mixer oder mit dem Stab pürieren. Mit den Erdnüssen garnieren. (241 kcal.)

IMMUN-PHASE

14. TAG

Frühstück

Hafermüsli

40 g Hafer, 1 Banane
50 g Kirschen
150 ml Kirschsaft (Muttersaft)

Den Hafer über Nacht in 1 Tasse Wasser einweichen. Alle Zutaten zu einem Müsli mischen. (372 kcal.)

Mittagessen

Gefüllte Paprika mit gebakkenen Kartoffeln

1 rote Paprika
100 g Rindertatar
Salz, Pfeffer
Paprikagewürz
1 EL Haferflocken
100 g Kartoffeln
2 EL Sonnenblumenkernöl

Die Paprika waschen. Oberen Deckel abschneiden, Kerne und Rippen herauskratzen. Tatar mit Haferflocken und Gewürzen vermengen und in die Paprika füllen. Kartoffeln schälen und in sehr dünne Scheiben schneiden. Paprika in die Mitte einer gut gefetteten Auflaufform setzen. Drumherum die Kartoffelscheiben schichten und mit Paprikagewürz, Salz und Cayennepfeffer würzen. Alles bei 200 Grad ca. 40 Minuten backen. (435 kcal.)

Abendessen

Haferflockengranole

30 g Haferflocken
1 EL Honig
1 TL Sonnenblumenkernöl
150 g Kirschen
100 ml Kirschsaft (Muttersaft)
1 EL Sonnenblumenkerne

Zutaten mischen, auf einem Backblech dünn verteilen und 30 Minuten bei 150 Grad backen. Die Granole auskühlen lassen und mit den restlichen Zutaten vermengen. (414 kcal.)

IMMUN-PHASE

TEES,
die die Diät unterstützen

Herz-Stärker

40 g Baldrianwurzel
30 g Rautenkraut
25 g Rosmarinblätter
5 g Arnikablüten

Aus allen Zutaten eine Mischung machen. Für 1 Tasse Tee 1 Teelöffel der Mischung kurz aufbrühen, 1 Minute ziehen lassen, heiß trinken – am besten morgens.

Entzündungs-Hemmer

25 g Birkenblätter
35 g Brennesselblätter
40 g Stiefmütterchenblüten
60 g Apfelschalen
40 g Pfefferminzblätter

Aus allen Zutaten eine Mischung machen, für 1 Tasse 1 Eßlöffel der Mischung nehmen, kurz aufbrühen, warm trinken – am besten abends.

Stoffwechsel-Anreger

20 g Sennesblätter
20 g Faulbaumrinde
20 g Rharbarberwurzelstock
100 g schwarzer Tee

Aus allen Zutaten eine Mischung machen. Für 1 Tasse 1 Teelöffel der Mischung. Den Tee kurz brühen, etwa 5 Minuten ziehen lassen. Am besten mittags trinken – vor dem Essen.

Wichtig: Pollenallergiker können auf bestimmte Tees und Gewürze mit einem Anfall reagieren. Sollte Ihnen einer der Tees in der Immun-Phase nicht bekommen beziehungsweise nicht schmecken, setzen Sie ihn ab. Und trinken Sie dafür täglich etwa 2 Liter Mineralwasser mit geringem Natriumgehalt.

Die Immun-Phase. Was Patienten berichten

Zuerst wollte ich es gar nicht glauben, aber als es in der zweiten Diätwoche wieder passierte, war mir klar: Ich litt unter einer versteckten Allergie gegen Rindfleisch. An beiden Diättagen mit Rind fühlte ich mich schlapp, hatte ein sehr unangenehmes Völlegefühl. Und etwa zwei Stunden nach dem Essen reagierte mein Körper mit Kopfweh. Seit ich ohne Rindfleisch lebe, geht es mir erheblich besser. Ich bin vitaler. Und vor allem bin ich sehr viel widerstandsfähiger geworden gegen jede Art von Entzündungen.

Monika L., 46, Husum

Als ich anfing, die Krebs-Diät nach Köhnlechner zu machen, fand ich das ganze Theater mit den vielen verschiedenen Lebensmittel in der Immun-Phase ziemlich blöd. Ich bin aber trotzdem herumgelaufen und habe mir all das besorgt, was man für die Tage braucht. Immer in der Hoffnung, ich würde vielleicht wieder etwas gesünder werden, vielleicht auch noch ein paar Pfund abnehmen. Und was ich selbst nicht für möglich gehalten hätte, ist passiert: Mein Rheuma hat sich innerhalb dieser 14 Tage erheblich gebessert, obwohl ich nicht bemerken konnte, daß mein Körper auf ein bestimmtes Nahrungsmittel irgendwie allergisch reagiert hat. Ich habe darum jetzt damit angefangen, diese Phase noch einmal zu wiederholen.

Erika K., 52, München

14 Tage lang Diät, das schafft man ja ganz gut. Aber wenn ich ehrlich bin, dann war ich nach der Entgiftungs-Phase nicht mehr sehr stark motiviert, vor allem, weil ich keinen Krebs habe, die ganze Sache nur gemacht habe, um mich über eine vernünftigere Ernährung vor Krankheiten zu schützen. Aber mein Hausarzt riet mir dann, doch weiter zu machen. Ich weiß nicht, ob er mir etwas Gutes tun wollte oder ob er mehr daran interessiert war, wie die Diätvorschläge von Dr. Köhnlechner wirken würden. Das war mir im Prinzip auch egal. Ich jedenfalls habe weitergemacht und bin wirklich reichlich dafür belohnt worden. Am zweiten Diät-Tag, also an dem Tag, an dem es mittags die köstlichen Vollkornspiralen mit Krabben gibt, fühlte ich mich wirklich unwohl und hatte nach dem Essen eine sehr lethargische Phase. Am fünften Tag, bei den Schollenfiletröllchen, war es nicht anders. Nach den 14 Tagen wußte ich schließ-

lich, daß ich ganz offenbar eine versteckte Allergie gegen Fisch hatte. Seitdem esse ich keinen Fisch mehr. Und seitdem ist auch ein Leiden verschwunden, das ich und mein Hausarzt nie mit der Ernährung in Verbindung gebracht hätten: eine chronische Verstopfung, die nicht einmal durch Abführmittel zu beheben war. Ich bin heute ziemlich sicher: Jetzt, wo meine Verdauung wieder richtig funktioniert, habe ich auch erheblich mehr Abwehrkraft.

Johanna A., 58, Husum

Ich habe keinen Krebs, aber ich leide seit einigen Jahren wie so viele Frauen unter Zysten im Unterleib, also unter gutartigen Geschwulsten. Ich dachte mir, was vor bösartigen Wucherungen schützen soll, könnte auch mir helfen. Und das war so, auch wenn ich mir nicht erklären kann, wieso simple Nahrung so viel bewirkt. Ich muß dazu sagen: Ich bin seit vier Jahren wegen der Zysten in ständiger Behandlung. Mein Frauenarzt hat schon einen Hormonstatus gemacht, hat mir immer wieder andere Anti-Baby-Pillen verschrieben, um die Zysten zu bekämpfen. Alles war bislang ohne Erfolg, nach acht oder neun Monaten waren immer neue Zysten da, die operativ entfernt werden mußten. Jetzt, nach vier Wochen der Diät, hat mir mein Frauenarzt gesagt, daß meine Zysten erheblich schrumpfen. Das hat er bei der Ultraschalluntersuchung festgestellt. Und er hat mich gefragt, was sich bei mir, in meinem Leben verändert hätte. Ich habe ihm nicht gesagt, daß ich die Krebs-Diät von Köhnlechner mache. Weil er dann sicher nur gelacht hätte. Aber ich bin trotzdem ziemlich sicher: Die andere Ernährung, vor allem wohl die Ernährung der Immun-Phase, hat meinen Körper so sehr gestärkt, daß er selbst jetzt mit den Zysten besser fertig wird.

Petra S., 27, Wien

Ich habe Lungenkrebs. Und die Ärzte geben mir nur noch wenig Überlebenschancen. Doch wer Krebs hat, der weiß: Man klammert sich, um zu überleben, an jeden Strohhalm, ist zu allem bereit. Wenn ich nicht zufällig von einem guten Bekannten die Krebs-Diät von Köhnlechner bekommen hätte, wäre ich vermutlich sogar zu einem Wunderheiler auf die Philippinen geflogen. Nur um endlich mal selber etwas tun zu können. Es ist entsetzlich, wenn man immer nur behandelt wird, aber selbst nicht handeln kann. Ich habe die Entgiftungs-Phase mitgemacht, aber immer nach Appetit gegessen. Die Ärzte rieten mir, nicht noch mehr abzunehmen. Und ich habe auch die Immun-Phase gemacht, wieder mit Portionen, die so groß wie mein Appetit waren. Der Erfolg war nach beiden Phasen für mein Empfinden groß. Die Ärzte stellten bei Blutuntersuchungen fest, daß meine Abwehrkräfte gestiegen sind. Ich weiß nicht, ob ich dadurch den Krebs überleben kann. Aber ich hoffe es doch sehr.

Heiko N., 55, Düsseldorf

Sicher ist, daß ich mich nach den ersten vier Wochen der Diät erheblich wohler fühle. Ich habe jetzt 12 Pfund abgenommen. Das merkt man natürlich überall. Aber sonst? Ich weiß nicht, was die Diät sonst noch bewirkt hat. Vielleicht schon eine bessere Immunabwehr. Aber wie soll man das merken, wenn man so wie ich eigentlich völlig gesund ist, keine körperlichen Leiden hat?

Hans-Jürgen M., 27, Aachen

Die Aufbau-Phase. Was Sie wissen müssen

In den letzten zwei Wochen der Krebs-Diät geht es darum, Sie körperlich weiter aufzubauen, Ihre Abwehrkräfte nach Entgiftung und nach Sensibilisierung gegen bestimmte Nahrungsmittel weiter zu stärken. Und es geht darum, Ihnen eine Ernährungsform anzubieten, die nicht nur für zwei Diät-Wochen, sondern, wenn Sie wollen, für Ihr ganzes Leben sinnvoll ist.

Nach allen bisherigen Erkenntnissen ist die Vollwertkost die Ernährungsform, die am besten vor Krankheiten schützt. Aber bitte Vorsicht!

Das Wort «Vollwertkost» wird leider ständig mißbraucht. Skeptiker schlußfolgern aus dieser Bezeichnung eine Ernährungsform, die die sogenannten «Körnerfresser» für sich gepachtet haben. Das ist aber falsch. Oder besser gesagt: Wenn diese verbale Verunglimpfung zutrifft, dann leben wir in einem Land der Körnerfresser. Denn immerhin ernähren sich schon gut sechs Millionen Bundesbürger vollwertig.

Auch die Industrie hat den Trend erkannt, der solchen engagierten Leuten wie dem Naturheilkoch Roy Kieferle aus Dobel (Schwarzwald) zu verdanken ist. Vor ein paar Jahren war alles mit dem Wort «Bio» ausgestattet. Heute findet man auf immer mehr Produkten den Aufdruck «vollwertig».

Schauen Sie sich solche Produkte sehr, sehr genau an. Die meisten halten nicht, was sie versprechen, haben Zuckerzusätze, sind chemisch behandelt, durch Konservierungs- und Farbstoffe untauglich für die Vollwertkost geworden. Denn vollwertig im guten Sinne heißt: Die Nahrungsmittel wurden naturbelassen, nicht durch Verfeinerungsprozesse um wichtige Vitamine, Mineral- und Vitalstoffe beraubt.

Für die Vollwertküche und für die nächsten zwei Diätwochen gibt es Regeln, die Sie kennen sollten:

Essen Sie täglich wenigstens einmal, besser ist zweimal, Rohkost.

Essen Sie Fleisch nie als Hauptgericht, sondern immer nur als Beilage.

Verwenden Sie nach Möglichkeit immer nur Produkte aus biologischem Anbau.

Stellen Sie Ihre Nahrung so zusammen, daß Sie Ihren täglichen Eiweißbedarf zu zwei Dritteln aus pflanzlichen, zu einem Drittel aus tierischen Produkten decken. Das führt zwangsläufig dazu, daß Sie den Verbrauch von Getreideprodukten, von Soja, von Tofu erhöhen werden. Gute Eiweißlieferanten sind aber auch alle Hülsenfrüchte. Das tierische Eiweiß bekommen Sie durch Sahne, durch Butter und Käse – und natürlich durch Fleisch.

Verzichten Sie auf alle Produkte mit Raffinadezukker. Verwenden Sie statt dessen Honig, Ursüße oder, wenn Sie schon Zucker brauchen, dann wenigstens braunen Rohrzucker.

Essen Sie vor jeder warmen Mahlzeit einen Salat. Das regt die Verdauungsorgane an, stillt auch schon den ersten großen Heißhunger, der in der Regel für zu große Portionen verantwortlich ist.

Reduzieren Sie den Salzverbrauch. Würzen Sie mit frischen Kräutern.

Verzichten Sie auf weißes Brot, auf alle Produkte mit weißem Mehl. Besser ist Vollkornbrot. Und viele Bäcker bieten heute auch schon Kuchen an, die mit dunklem Mehl gebacken wurden.

Verwenden Sie nur noch Vollkornreis, also ungeschälten Reis.

Die Angaben in den Rezepten gelten für eine Person.

Das sind die wichtigsten Regeln, die auch bei den Rezepten der Aufbau-Phase beachtet wurden. Es sind Regeln, die, wie Sie bald merken werden, die Küche eher bereichern als einengen.

AUFBAU-PHASE

1. TAG

Frühstück

Grahambrot mit Käse

1 Grahambrot
2 EL frischer Meerrettich
50 g Frischkäse
1 TL Honig
2 EL Milch
Zitrone, Salz
1 Ei

Brot mit Mischung aus Meerrettich, Käse, Honig, Milch und Zitrone bestreichen. Ei weich kochen, dazu servieren. (ca. 415 kcal.)

Mittagessen

Nudel-Omelett

60 g Vollkornnudeln
1 Ei
2 Tomaten
1 Scheibe Lachsschinken
1 Knoblauchzehe
Oregano, Basilikum
weißer Pfeffer

Nudeln garen, aus Ei, Tomaten, Schinken eine Sauce rühren. Nudeln mit Sauce in Auflaufform geben, 2 EL geriebenen Käse drüberstreuen, ca. 15 Minuten bei 200 Grad backen.

Vorspeise: Rohkost aus Kohlrabi und Apfel

Nachspeise: 100 g Magerquark mit einer Mandarine (ca. 725 kcal.)

Abendessen

Kartoffel-Suppe

2 Kartoffeln (ca. 120 g)
1 Stange Lauch
1/4 Sellerieknolle
1/8 l Buttermilch
1 EL Weizenkeime
Kerbel, Estragon
Schnittlauch, Dill

Gemüse pürieren, in Buttermilch kurz aufkochen, vor dem Servieren mit Weizenkeimen und Kräutern garnieren.

AUFBAU-PHASE

2. TAG

Frühstück

Käsebrot

2 Scheiben Vollkorntoast
1 TL Butter
2 Scheiben Edamer (30 %)
1 große Tomate
1 Prise Salz

Toast wärmen, mit Butter und Käse bestreichen. Tomate vierteln, zum Brot servieren. (ca. 370 kcal.)

Mittagessen

Creme-Kartoffeln

2 Kartoffeln (ca. 300 g)
1 Zwiebel
1 TL Öl (kaltgepreßt)
1/8 L Gemüsebrühe
1 EL Crème-fraîche
Salz, Pfeffer
Schnittlauch

Kartoffeln schälen, würfeln, mit gehackter Zwiebel im Öl andünsten, in der Brühe 15 Minuten garen lassen, Crème fraîche darunterziehen, mit Schnittlauch servieren.

Vorspeise: Selleriesalat nach Appetit.

Nachspeise: 1 Apfel

(ca. 620 kcal.)

Abendessen

Grießauflauf

3 EL Grieß
1 Ei
1 EL gehackte Mandeln
1 EL Honig
100 ml Milch
Zitronensaft
50 g Preiselbeeren
1 mittelgroße Birne

Ei trennen. Das Eigelb mit Zitrone schaumig rühren. Aus dem Eiweiß Schnee schlagen. Grieß und Mandeln unter den Schnee ziehen. Eigelb darübergeben. Birne halbieren, in Auflaufform tun. Birne mit Eimasse überdecken. 1 Minute anbacken, dann Milch dazu und weitere 15 Minuten backen. Mit Preiselbeeren servieren.

AUFBAU-PHASE

3. TAG

Frühstück

Hirsebrei mit Waldbeeren

3 EL Hirse
¼ l Wasser
1 EL Honig
2 EL Joghurt
100 g gemischte Waldbeeren

Hirse kurz aufkochen, ca. 20 Minuten quellen lassen. Mit Beeren, Joghurt und Honig servieren. (ca. 380 kcal.)

Mittagessen

Zucchini mit Schafskäse

1 mittelgroße Zucchini
150 g Schafskäse
Dill
Schnittlauch
Petersilie
Salz

Zucchini halbieren, leicht aushöhlen, auf Backblech legen. Aus Schafskäse und Kräutern eine Füllung machen. Im Ofen bei 200 Grad ca. 15 Minuten backen.
Vorspeise: Blattsalate
Nachspeise: Kefir (100 ml) mit Brombeeren
(ca. 650 kcal.)

Abendessen

Wurzel-Frischkost

150 g Schwarzwurzeln
3 EL saure Sahne
1 EL Haselnüsse
Salz, Pfeffer
Zitronensaft
Dill
2 Scheiben Vollkornbrot

Schwarzwurzeln raspeln, aus den übrigen Zutaten eine Sauce machen. Die Frischkost mit Vollkornbrot servieren. (ca. 440 kcal.)

AUFBAU-PHASE

4. TAG

Frühstück

Aprikosen-Müsli

30 g Haferflocken
3 getrocknete Aprikosen
1 EL gehackte Haselnüsse
½ Banane, Zitronensaft
3 EL Magerjoghurt
Zimt

Haferflocken und am Vorabend eingeweichte Aprikosen und Nüsse mischen, Banane schneiden, alles mit Joghurt und Zimt verrühren. (ca. 260 kcal.)

Mittagessen

Brokkoli-Auflauf

250 g Brokkoli
1 kleine Kartoffel
200 ml Milch
1 Ei
Salz, Muskat
2 TL geriebener Käse

Brokkoli kurz angaren, Kartoffel gar kochen. Brokkoli in Auflaufform geben. Aus Kartoffel, Milch und Gewürzen eine Sauce rühren. Die Sauce über den Brokkoli geben, Käse obendrauf. Alles bei 200 Grad 45 Minuten backen.

Vorspeise: Gerstensuppe (50 g Gerste in Gemüsebrühe aufgekocht)

Nachspeise: 1 Apfel

(ca. 660 kcal.)

Abendessen

Tomatensalat

1 Fleischtomate (200 g)
1 halbe Zwiebel
1 Knoblauchzehe
Obstessig
Öl, Salz
Petersilie
2 Scheiben Vollkornbrot

Tomate würfeln, mit Zwiebel und Paprika mischen, Sauce aus Essig, Öl und Gewürzen darunterziehen. Mit Vollkornbrot servieren. (ca. 380 kcal.)

AUFBAU-PHASE

5. TAG

Frühstück

Obstsalat

½ Apfel
½ Banane
½ Orange (oder 1 Mandarine)
5 Erdbeeren
1 TL Honig
1 Vollkornbrötchen

Obst waschen, schneiden, mischen, mit 1 Vollkornbrötchen servieren. (ca. 280 kcal.)

Mittagessen

Putenschnitzel

Putenschnitzel (150 g)
1 Ei, Öl
3 Frühlingszwiebeln
Gemüsebrühe
2 EL Sahne
Schnittlauch, Salz, Pfeffer
70 g Vollkornreis

Zwiebeln hacken, in Öl leicht in der Pfanne glasieren, mit der Sahne mischen, zusammen mit Putenschnitzel leicht köcheln lassen, ca. 8 Minuten. Reis garen, etwa 40 Minuten Schnitzel mit Sauce und Reis servieren.

Vorspeise: Gurkensalat (etwa 150 g) mit Essig und Öl

Nachspeise: 1 gebackene Banane mit 1 TL Honig, Nüssen (ca. 485 kcal.)

Abendessen

Sauerkraut

200 g Sauerkraut (frisch)
30 g Kümmel
1 Mandarine
1 Vollkornbrot
30 g Butter

Sauerkraut mit Kümmel und Mandarine mischen, dazu ein Vollkornbrot mit Butter. (ca. 340 kcal.)

AUFBAU-PHASE

6. TAG

Frühstück

Gerstengrütze

50 g Gerste (grob geschrotet)
1 Apfel, 2 EL Sahne
1 EL Honig

Gerste in 150 ml Wasser aufkochen, 15 Minuten quellen lassen. Apfel reiben, mit Sahne und Honig unter die Grütze mischen. (ca. 380 kcal.)

Mittagessen

Bunter Pfannkuchen

30 g Weizenschrot
100 ml Gemüsebrühe
1 kleine Zwiebel
1 Knoblauchzehe
1 EL Sonnenblumenkerne
1 TL Leinsamen
1 Ei, 1 Möhre
½ Zitrone, Öl
2 EL Dickmilch
1 EL saure Sahne
Kresse, Dill, Petersilie

Schrot in Gemüsebrühe aufkochen, 15 Minuten quellen lassen, mit Zwiebel, Knoblauch, Sonnenblumenkernen und Leinsamen sowie dem Ei mischen, als Pfannkuchen goldgelb braten. Möhren raspeln, mit etwas Zitrone und Honig abschmecken, auf den Pfannkuchen streuen. Aus Öl, Obstessig, Dickmilch, saurer Sahne und Kräutern eine Creme machen, zum Pfannkuchen servieren.
Vorspeise: Grüner Salat
Nachspeise: Zitronenquark (100 g Magerquark, Zitronensaft, Honig)
(ca. 680 kcal.)

Abendessen

Rettich sauer

100 g Rettich
1 Apfel
Salz, Honig

Rettich raspeln, mit Apfel und Honig anmachen. (ca. 260 kcal.)

AUFBAU-PHASE

7. TAG

Frühstück

Morgengruß

1 Vollkornbrot
1 Ei
30 g Butter
1 Orange

Vollkornbrot mit Butter und Ei belegen, dazu Orange. (ca. 190 kcal.)

Mittagessen

Quarkkartoffeln

3 mittelgroße Kartoffeln (ca. 250 g)
150 g Magerquark
1 EL Kräuter-crème-fraîche
Salz
Kräuter der Saison
Kümmel, Öl

Kartoffeln waschen, mit Öl bestreichen, in Kümmel wälzen. Auf dem Backblech 35 Minuten bei 200 Grad backen. Quark mit Crème-fraîche und Kräutern anmachen, zu den Kartoffeln servieren.

Vorspeise: Tomatensuppe (2 Tomaten, 150 ml Gemüsebrühe, 1 TL Öl, Salz)
Nachspeise: Gemüsesaft aus Rote Beete und Sellerie (ca. 690 kcal.)

Abendessen

Rohkostsalat

2 Scheiben Ananas
Rote Beete
Fenchel
Sellerie

Salate waschen, mischen, mit Sauce aus Obstessig, Honig und Salz abschmekken. (ca. 290 kcal.)

AUFBAU-PHASE

8. TAG

Frühstück

Quarkbrot

2 Scheiben Vollkornbrot
30 g Butter
120 g Magerquark
2 EL Milch
frische Kräuter
Salz

Magerquark mit Milch, Salz und Kräutern anrühren, gebutterte Brote damit bestreichen. (ca. 290 kcal.)

Mittagessen

Grüner Fisch

150 g Zucchini
1 Knoblauchzehe
1 Seezungenfilet (ca. 100 g)
1 TL Sesam
1 TL Öl
1 kleine Zwiebel
Salz, Pfeffer, Kräuter

Zuccini würfeln, mit Knoblauch, Zwiebel und Sesam leicht anbraten, gewürfelten Fisch dazugeben, alles 12 Minuten in der Pfanne garen, vor dem Servieren mit Kräutern dekorieren.
Vorspeise: Gurkensalat mit Dill
Nachspeise: Obstsalat
(ca. 690 kcal.)

Abendessen

Möhrensuppe

2 Möhren
¼ l Gemüsebrühe
1 TL Öl
Salz, frische Kräuter

Möhren im Mixer pürieren, in Gemüsebrühe aufkochen, abschmecken, mit frischen Kräutern servieren. (ca. 380 kcal.)

AUFBAU-PHASE

9. TAG

Frühstück

Frischkorn mit Banane

50 g Hafer (am Vorabend in 150 ml Wasser einweichen)
1 Banane
1 EL Sahne
1 EL Magerjoghurt
Zitrone, Honig

Banane zerkleinern, mit Sahne, Joghurt, Honig und Zitrone nach Geschmack unter den Hafer rühren. (ca. 350 kcal.)

Mittagessen

Champignon-Ragout

200 g Champignon (oder Egerlinge)
50 g Vollkornreis
1 kleine Zwiebel
1 EL Öl
1 TL Haselnüsse
1 TL Weizenvollkornmehl
80 g Milch
1 EL Crème-fraîche
30 g Käse
Zitrone, Salz, Pfeffer
Petersilie, Gemüsebrühe (kleine Tasse)

Champignons und Zwiebel in Scheiben schneiden, mit Salz und Pfeffer in Öl anbraten, Haselnüsse, Gemüsebrühe, Crème-fraîche, Weizenvollkornmehl, Milch in die Pfanne geben, alles 10 Minuten köcheln lassen, mit Reis und frischen Kräutern servieren.
Vorspeise: Feldsalat
Nachspeise: 2 Scheiben gebackene Ananas mit Honig (ca. 740 kcal.)

Abendessen

Avocado sauer

2 halbe Avocado
½ Zitrone
1 Vollkornbrot

Avocado halbieren, mit Zitronensaft beträufeln, mit Brot servieren. (ca. 280 kcal.)

AUFBAU-PHASE

10. TAG

Frühstück

Dinkel-Grütze

50 g Dinkel (grob geschrotet)
½ Apfel
½ Birne
1 EL Sahne
1 EL Joghurt
1 EL Sonnenblumenkerne
Honig

Dinkel in 150 ml Wasser kurz aufkochen, 15 Minuten quellen lassen, mit allen anderen Zutaten mischen. (ca. 330 kcal.)

Mittagessen

Hähnchenbrust

100 g Hähnchenbrust
30 g Buchweizen
250 g Sellerie
1 kleine Orange
Öl, Saft ½ Zitrone
Obstessig
Honig
Pfeffer, Salz

Buchweizen kochen (15 Minuten), in der Pfanne mit Öl anrösten, Sellerie blanchieren, Orange filettieren, Hühnerbrust grillen. Aus Öl, Zitronensaft, Essig und Honig eine Marinade machen. Buchweizen, Sellerie und Hähnchenbrust auf einem Teller anrichten, Fleisch mit Marinade beträufeln.
Vorspeise: Grüner Salat
(ca. 400 kcal.)

Abendessen

Bauernomelett

2 Kartoffeln (ca. 250 g)
2 Eier
Schnittlauch
Petersilie
Salz

Kartoffeln roh schälen, in etwas Öl anbraten, Eier verrühren, über die Kartoffeln gießen und braten. Das Omelett mit frischen Kräutern servieren. (ca. 450 kcal.)

AUFBAU-PHASE

11. TAG

Frühstück

Haferbrei

50 g Haferflocken
1 Orange
2 EL Magerjoghurt
Honig

Flocken mit Joghurt, Frucht und Honig verrühren, in einer Schale servieren. (ca. 270 kcal.)

Mittagessen

Nudelauflauf

80 g Vollkornnudeln
50 g Krabben
1 Tomate
30 g Parmesan
2 EL Crème-fraîche
30 ml Milch
Petersilie, Salz, Öl

Nudeln ankochen und im Sieb abtropfen lassen. Aus Crème-fraîche, Milch und Tomate eine Sauce pürieren, mit Salz abschmecken. Nudeln in Auflaufform, Sauce über die Nudeln, alles mit Parmesan überstreuen. Vor dem Servieren Krabben auf den Auflauf geben.

Vorspeise: Gurkensalat

Nachspeise: Joghurt (ca. 80 g) mit Mandarine, Honig (ca. 650 kcal.)

Abendessen

Rohkostteller

Salate der Saison
(z. B. Feldsalat, grüner Salat)
Weißkraut

Salate waschen, schneiden, mit einer Sauce aus Obstessig, Öl, Salz und Kräutern anmachen. (ca. 260 kcal.)

AUFBAU-PHASE

12. TAG

Frühstück

Krabben-Toast
50 g Krabben
1 EL Butter
2 Scheiben Vollkorntoast
1 Glas Rote-Beete-Saft

Toast buttern, Krabben drüberstreuen, servieren. (ca. 260 kcal.)

Mittagessen

Blumenkohl-Auflauf
½ mittelgroßer Blumenkohl
30 g Weizenschrot
150 ml Milch
30 g Parmesan
1 EL Butter
Salz, Pfeffer, Muskat

Blumenkohl angaren, abtropfen lassen, in gebutterte Auflaufform geben. Sauce aus Milch und Schrot über den Kohl gießen, leicht buttern, mit Parmesan überstreuen, ca. 15 Minuten bei 200 Grad überbacken.
Vorspeise: Rote-Beete-Salat
Nachspeise: Frische Erdbeeren mit 1 EL Magerjoghurt
(ca. 560 kcal.)

Abendessen

Aubergine delikat
150 g Aubergine
150 g Tomate
ca. 50 g Hartkäse
Salz
2 EL Crème-fraîche

Aubergine, Tomate und Käse in Scheiben schneiden. Auberginenscheiben auf ein Backblech legen, eine Scheibe Tomate, etwas Käse, Salz drauf. Die Aubergine im Ofen ca. 20 Minuten bei 200 Grad überbacken, mit Crème-fraîche servieren. (ca. 380 kcal.)

AUFBAU-PHASE

13. TAG

Frühstück

Leinsamen-Müsli

40 g Leinsamen
100 g Magerjoghurt
½ Apfel
Honig

Samen, Joghurt, geriebenen Apfel und Honig verrühren, das Müsli in einer Schale servieren. (ca. 280 kcal.)

Mittagessen

Kalbsmedaillons

150 g Kalbsmedaillon
4 kleine Kartoffeln
2 Möhren
1 kleine Zwiebel
Rosmarin, Pfeffer, Salz

Kartoffeln waschen, mit Schale kochen, mit Rosmarin würzen. Medaillons grillen, mit Salz abschmecken. Möhren dünsten. Alles zusammen auf einem Teller garnieren und servieren.
Vorspeise: Krautsalat
Nachspeise: Erdbeer-Joghurt (100 g Magerjoghurt, 80 g Früchte)
(ca. 640 kcal.)

Abendessen

Sauerkraut

150 g frisches Sauerkraut
Kümmel
2 Scheiben Ananas
1 EL Butter
1 Scheibe Vollkornbrot

Kraut mit Kümmel und Ananasstücken garnieren, Brot mit Butter bestreichen. (ca. 300 kcal.)

AUFBAU-PHASE

14. TAG

Frühstück

Obstsalat

250 g Obst nach Saison und Geschmack
1 TL Sonnenblumenkerne
1 TL Sesam

Obst waschen, würfeln, mit Körnern mischen und servieren. (ca. 250 kcal.)

Mittagessen

Spinat mit Ei

200 g Spinat
2 Eier
1 große Kartoffel (ca. 120 g)
1 EL Butter
Petersilie, Dill
Salz, Muskat

Spinat waschen, zerkleinern und dünsten. Eier mit Schneebesen verrühren, mit gehackten Kräutern und Salz in Butter braten. Kartoffel kochen. Alles zusammen servieren.
Vorspeise: Grüne Salate
Nachspeise: Magerjoghurt (ca. 80 g) mit Aprikosen (ca. 60 g)
(ca. 660 kcal.)

Abendessen

Gemüsesuppe

1 Möhre
50 g Lauch
50 g Sellerie
frische Kräuter
½ l Gemüsebrühe
Salz, Pfeffer
1 Vollkornbrot
30 g Butter

Gemüse putzen, in der Gemüsebrühe garen, abschmecken mit Salz, Pfeffer und frischen Kräutern. Zur Suppe ein Butterbrot servieren. (ca. 280 kcal.)

AUFBAU-PHASE

Tees,
die die Diät unterstützen

In dieser Ernährungsphase können Sie morgens auch schon schwarzen Tee trinken. Alternativ möglich sind auch Hagebutte-, Pfefferminz- oder Zitronenmelissentee. Verwenden Sie zum Süßen etwas Honig.

Anti-Streß-Tee

1 g Ringelblumenblüten
5 g Hopfenzapfen
10 g Rosmarinblätter
10 g Pfefferminzblätter
15 g Brombeerblätter
15 g Johanniskraut
20 g Melissenblätter
24 g Baldrianwurzel

Aus allen Zutaten eine Mischung machen. Nach einem anstrengenden Tag, vor einer Prüfung 2 Teelöffel der Mischung für 1 Tasse Tee, der kurz aufgekocht wird und 15 Minuten ziehen muß.

Magen-Tee

30 g Gänsefingerkraut
30 g Melissenblätter
20 g Kamillenblüten
20 g Süßholzwurzel

Aus allen Zutaten eine Mischung machen, für 1 Tasse Tee 2 Teelöffel der Mischung nehmen. Den Tee kurz aufkochen, etwa 10 Minuten ziehen lassen und bei Magenverstimmungen, hoher Nervosität trinken.

Erkältungs-Tee

5 g Lilienwurzelstock
10 g Wollblumenblüten
10 g Aniskörner
15 g Süßholzwurzel
20 g Huflattichblätter
40 g Eibischwurzel

Aus allen Zutaten eine Mischung machen, für 1 Tasse Tee 2 Teelöffel der Mischung. Kurz aufbrühen, 15 Minuten ziehen lassen, dreimal am Tag warm trinken.

Die Aufbau-Phase. Was Patienten berichten

Ich hatte Hautkrebs. Vor zwei Jahren hat man mir ein Geschwür auf der Stirn entfernt. Damals sagten mir die Ärzte, daß es für mich weiterhin ein erhebliches Risiko gebe, an Krebs zu erkranken. Seitdem versuche ich alles zu tun, um gesund zu bleiben. Ich meide starkes Sonnenlicht. Ich versuche mich psychisch im Gleichgewicht zu halten, indem ich täglich autogenes Training mache. Ich vermeide Streß und verzichte bei der Ernährung auf zuviel Zucker und zuviel Fett. Das war sicher ganz vernünftig, aber es war eben kein Ernährungskonzept. Daher bin ich sehr dankbar für die Krebs-Diät, die ich gemacht habe – und nach der ich jetzt lebe. Ich bin ganz auf vollwertige Ernährung umgestiegen. Seitdem fühle ich mich sehr viel wohler und leistungsfähiger. Mein Körper regeneriert, ist widerstandsfähiger.

Karin Z., 47, Braunschweig

Meine Ärzte sind sehr skeptisch. Aber auch sie müssen zur Kenntnis nehmen, daß ich mich durch die andere Ernährung erheblich besser fühle. Und daß meine Schluckbeschwerden, hervorgerufen durch Speiseröhrenkrebs, zurückgegangen sind. Ich habe das Gefühl, der Tumor ist ruhiggestellt, seit ich die Diät gemacht habe. Möglicherweise liegt das daran, daß mein Immunsystem jetzt einfach kräftiger ist.

Hans-Joachim A., Berlin

Ich habe schon häufiger Diäten von Herrn Köhnlechner ausprobiert. Ein paar der Rezepte kannte ich daher schon. Aber das hat mich nicht gestört, denn anders als bei allen anderen Diäten geht es bei der Krebs-Diät ja nicht darum, immer neue Rezepte auszuprobieren, sondern darum, möglichst in drei Stufen zu einer besseren Ernährung zu kommen. Ich jedenfalls habe das so verstanden. Und bei mir hat sich auch in drei Etappen der Erfolg eingestellt: In den ersten zwei Wochen habe ich abgenommen. Dann habe ich über die Ernährung herausgefunden, daß ich ganz offenbar eine Hühnereiweiß-Allergie habe. Und jetzt, nach den letzten zwei Wochen, merke ich, wie ich mich tatsächlich aufbaue, wie Befindlichkeitsstörungen besser und besser werden. Ich habe weniger Kopfweh, ich habe eine schönere Haut, ich bin auch psychisch besser dran. Das alles zusammen schützt mich sicher auch vor so einer schlimmen Krankheit wie Krebs.

Claudia B., 38, Köln

Es ist schade, daß es keine wissenschaftliche Methode gibt, mit er man den direkten Zusammenhang zwischen einer Ernährungsumstellung und der Verhütung von Krebs feststellen kann. Denn ich bin mir sicher: Viel mehr Menschen würden sich vernünftiger ernähren, wenn es Beweise für die Wirksamkeit der Krebs-Diät gäbe. In meinem Bekanntenkreis habe ich mittlerweile viele Menschen überzeugen können. Vermutlich, weil ich der beste Beweis dafür bin, daß man mit Nahrung heilen kann. Ich hatte Prostata-Krebs und bin operiert worden. Doch trotz der Operation, die übrigens medizinisch gelungen ist, fühlte ich mich krank, war nur noch destruktiv und nörgelig. Ich konnte mich einfach nicht damit abfinden, krank zu sein, habe monatelang mit meinem Schicksal gehadert. Meine Frau war es, die mir die Köhnlechner-Diät verordnet hat. Ich hielt das alles für dummes Zeug und war gegen die Diät. Aber schon nach der ersten Woche merkte ich, wie ich mich wohler fühlte, wie ich neue Kraft spürte. Ich bin ganz sicher: In der Entgiftungs-Phase hat sich nicht nur etwas in meinem Körper, sondern auch in meinem Kopf getan. Ich weiß nicht, was, aber es war, als hätte sich etwas gelöst. Heute, nach den ganzen sechs Diät-Wochen, bin ich ein anderer Mensch. Ich habe mich immer noch nicht damit abgefunden, ein kranker Mensch zu sein. Das werde ich wohl auch nie. Aber ich habe alle Kräfte mobilisiert, um wieder ganz auf die Beine zu kommen, um wieder am Leben teilzunehmen.

Karl-Heinz O., 58, Nürnberg

Ich habe nicht den Krebs besiegt, aber ich lebe mit einem Darmkrebs. Und seit ich meine Ernährung umgestellt habe, lebe ich sehr viel besser.

Harald v. H., 44, München

Ich werde die Diät weiterempfehlen. Sie hat mir geholfen, mich besser auf die Operation vorzubereiten. Ich habe Lippenkrebs und muß unters Messer. Mein Arzt sagt, seit ich mich anders ernähre, habe ich mehr Abwehrkraft. Auch für die Operation und die anschließenden Behandlungen.

Sybille J., 33, Hamburg

Krebs. Was noch schützt (zum Beispiel Vitamine)

Fragen, Antworten von Dr. Jürgen Reimann*

Es mehren sich international immer mehr die Erkenntnisse, daß bestimmte Vitamine und Mineralien bei der Vorbeugung von Krebs eine entscheidende Rolle spielen. Um welche Vitamine und Mineralien handelt es sich – und was bewirken sie im Körper?

Die Vitame A, E und C sowie das Beta-Carotin sind die sogenannten Schutzvitamine, die auch ganz all-

---

* Dr. Jürgen Reimann ist Arzneimittelforscher, wissenschaftlicher Leiter der Arzneimittelfirma HERMES, München, und stellvertretender Leiter des Instituts für Vitaminforschung, Bad Soden.

gemein als antioxidative Vitamine bezeichnet werden. Die Entstehung von Krebs wird heute ganz allgemein mit der schädigenden Wirkung der sogenannten freien Radikale in Zusammenhang gebracht. Freie Radikale sind hochreaktive Stoffe, die sich durch ein einsames Elektron auszeichnen. Diese freien Radikale können endogen im Organismus entstehen, in der Regel durch fehlgeleitete Stoffwechselvorgänge, oder von außen in unseren Organismus gelangen zum Beispiel durch unsere Umweltgifte, wie Smog, Rauch, ultraviolette und radioaktive Strahlung, nitrose Gase, Benzpyrene, Asbest. So konnte zum Beispiel der amerikanische Forscher Ames zeigen, daß jede Zelle pro Tag etwa 1000 radikalischen Angriffen ausgesetzt ist. Diese müssen durch ein entsprechend funktionierendes Abwehrsystem neutralisiert werden. Neben einer Reihe von Enzymen, an denen unter anderem die Mineralien Selen und Zink beteiligt sind, spielen dabei die antioxidativen Vitamine eine entscheidende Rolle. Prof. Sies von der Universität Düsseldorf konnte zeigen, daß eine durch Vitamin E geschützte Zelle einem radikalischen Angriff wesentlich länger standhält als eine Zelle, die nicht genügend Vitamin E in ihrer Zellmembran besitzt. Gerade das Vitamin E spielt eine entscheidende Rolle, denn es ist das einzige Vitamin, das durch seine Fettlöslichkeit die sehr empfindlichen Zellmembranen stabilisiert. Eine Reihe von groß angelegten epidemiologischen Studien bestätigen, daß die oben genannten Vitamine in der Tat eine präventive Wirkung bei verschiedenen Krebsarten besitzen.

Eine der herausragendsten Studien ist dabei ohne

Zweifel die sogenannte Basler Studie. Im einzelnen wurde dabei folgendes festgestellt:

- Niedrige β-Carotin-Spiegel sind ein Risiko, an Lungenkrebs, Lungenerkrankungen oder Magenkrebs zu erkranken.
- Das gleiche gilt bei Magenkrebs für Vitamin A.
- Niedrige Vitamin-C- und Vitamin-E-Spiegel stehen im Zusammenhang mit ischämischen Herzerkrankungen und Magen-Darm-Krebs.

Diese Aussagen werden aber auch durch die Wertung des National Research Council der Vereinigten Staaten in dem Bericht «Diet, Nutrition and Cancer» bestätigt. Ferner wurde darüber sehr ausführlich auf dem Kongreß «Antioxidative Vitamins in Prevention Desease» in London berichtet.

Die Mineralstoffe Selen und Zink sind, wie bereits kurz erwähnt, in erster Linie Bestandteil von Enzymen, die wiederum in dieses antioxidative Abwehrsystem eingebunden sind. Fehlt auch nur einer dieser Mineralstoffe, oder ist er nur in unzureichender Menge vorhanden, dann ist das ganze System geschwächt und die den Organismus schädigenden Reaktionen können überhand nehmen.

Immer mehr Wissenschaftler, aber auch Ärzte, empfehlen neben einer gesunden Ernährung auch zusätzliche Vitamin- und Mineralgaben. Was empfehlen Sie? Und warum sind diese zusätzlichen Gaben überhaupt notwendig?

Eine gesunde und ausgewogene Ernährung ist ohne Zweifel das höchste Ziel, das angestrebt werden muß. Dies ist aber, wie zahlreiche Studien bestätigt haben, nicht immer ganz einfach möglich, vor allem dann, wenn gleichzeitig kalorienbewußt gelebt werden soll. Eine bedarfsdeckende Vitamin- und Mineralstoffzufuhr ist sicherlich leichter möglich, wenn täglich 3000–3500 kcal aufgenommen werden. Dies ist jedoch bei unserer heutigen Beschäftigung in der Regel viel zu viel. Der Bedarf liegt nur bei 1800–2000 kcal. Eine bedarfsdeckende Zufuhr an Vitaminen und Mineralstoffen ist unter diesen Bedingungen nur möglich, wenn Nahrungsmittel mit hoher Nährstoffdichte aufgenommen werden. Der Ernährungsbericht und viele andere Studien weisen darauf hin, daß dies meist nicht der Fall ist. Deshalb gibt es trotz der sogenannten Überflußgesellschaft heute häufig einen Mangel an verschiedenen Vitaminen und Mineralstoffen. In erster Linie betroffen sind davon die sogenannten Risikogruppen, die heute ganz allgemein wie folgt definiert werden können:

- Schwangere und Stillende
- zu einem hohen Prozentsatz menstruierende Frauen, vor allem Frauen, die orale Kontrazeptiva einnehmen
- Jugendliche
- starke Raucher
- Personen mit einem erhöhten Alkoholkonsum
- Personen in Streßsituationen
- Leistungssportler
- Personen mit chronischem Arzneimittelkonsum

Gerade bei diesen Risikogruppen empfiehlt sich auf jeden Fall eine zusätzliche Gabe von Vitaminen und Mineralstoffen, um den täglichen Bedarf sicherzustellen. Darüber hinaus hat sich bestätigt, daß gerade zur Prophylaxe verschiedener Erkrankungen insbesondere von Krebserkrankungen, eine Zufuhr von höheren Vitamindosen als die, die den Empfehlungen der Deutschen Gesellschaft für Ernährung entsprechen, sinnvoll ist. Dies trifft insbesondere auf die sogenannten antioxidativen Vitamine zu.

Ganz allgemein empfehlen Wissenschaftler heute zur Krebsprävention folgende Dosierungen:

Vitamin E	200–800	I. E.
Vitamin A	12 500	I. E.
Vitamin C	500	mg
Selen	50–200	µg

Welche Rolle spielt Ihrer Meinung nach die Ernährung bei der Krebsverhütung überhaupt?

Die Ernährung hat ohne Zweifel bei der Verhütung von Krebs eine Schlüsselfunktion. Grundsätzlich hat der Mensch bei der Abwehr von schweren Erkrankungen nur zwei Möglichkeiten: körperliche und geistige Ertüchtigung und eine vernünftige, ausgewogene, möglichst optimale Ernährung, für die gelten sollte: nicht zu viel, nicht zu fett, nicht zu süß. Also eine abwechslungsreiche Ernährung mit vielen Ballaststoffen, frischem Gemüse, frischem Obst und ausreichend Milch- und Milchprodukten.

Glauben Sie an einen Sieg über die Krankheit Krebs?

Wenn wir eines Tages noch mehr über die Biochemie der Entstehung von Krebskrankheiten wissen werden, und wenn es uns vor allen Dingen gelingt, die krebsauslösenden Faktoren auszuschalten, wird es bestimmt eines Tages einen Sieg über den Krebs geben.

Krebs. Die besten Vitaminspender

Vitamin A

Ein fettlösliches Vitamin, das auch oft *Retinol* genannt wird.

Funktion im Körper: Schutz der Haut und Schleimhäute, Aufbau des Sehpurpurs im Auge.

Bekannte Folgen eines Mangels: Nachtblindheit, Geschwüre am Auge, Haarausfall, starke Verhornung und Pigmentierung der Haut, Kropfbildung, Störung der Entwicklung von Knochen und Zähnen.

Bedarf: Säuglinge 1500 IE (internationale Einheiten), Kinder 2000 – 3500 IE, Erwachsene 5000 IE, Schwangere 6000 IE, stillende Mütter 8000 IE täglich.

Die besten natürlichen Vitamin-A-Spender: Leber,

Süßkartoffeln, Möhren, Spinat, Honigmelone, Grünkohl, Brokkoli, Aprikosen, Wassermelonen, Endivien, Blattsalat, grüner Spargel, Erbsen, Buschbohnen, Mais, Petersilie, Eier.

Vitamin B1

Ein wasserlösliches Vitamin, das oft auch *Thiamin,* seltener *Aneurin,* genannt wird.

Funktion im Körper: Unentbehrlich für Kohlenhydrat-Stoffwechsel, für alle Nervenzellen, für den Herzmuskel.

Bekannte Folgen eines Mangels: Muskelschwäche, Nerven- und Kreislaufstörungen.

Bedarf: Säuglinge 0,4 – 0,5 mg (Milligramm), Kleinkinder 0,7 – 1,4 mg, Jugendliche 1,4 – 1,6 mg, Erwachsene 1,5 – 2,0 mg, Schwangere und Stillende 1,9 – 2,3 mg täglich.

Die besten natürlichen Vitamin-B1-Spender: Bäckerhefe, Bierhefe, Sonnenblumenkerne, Roggenkeime, Weizenkeime, Weizenkleie, Sesamkörner, Sojasprossen, Sojamehl, Pistazien, Para-Nüsse, Erdnüsse, Kalbsbrust, Erbsensamen.

Vitamin B2

Ein wasserlösliches Vitamin, das auch *Riboflavin* oder *Laktoflavin* genannt wird.

Funktion im Körper: Energie- und Eiweißstoffwechsel, Sehvorgang, Schutz von Haut und Schleimhäuten.

Bekannte Folgen eines Mangels: Nervenschmerzen, Entzündungen der Schleimhäute, Sehschwächen, Haut- und Nagelveränderungen.

Bedarf: Säuglinge 0,5 – 0,6 mg (Milligramm), Kinder 0,8 – 2,0 mg, Jugendliche 1,9 – 2,3 mg, Erwachsene 1,8 – 2,0 mg, Schwangere und Stillende 4–5 mg täglich.

Die besten natürlichen Vitamin-B2-Spender: Hühnerleber, Hühnerei, Bierhefe, Mais, schwarzer Tee, Vollmilch, Buttermilch, Rinderleber, Nüsse, Hefe, Reiskleie, Hülsenfrüchte.

Vitamin B6

Ein wasserlösliches Vitamin, das auch *Pyridoxin* oder *Adermin* genannt wird.

Funktionen im Körper: Beteiligung am Eiweißstoffwechsel.

Bekannte Folgen eines Mangels: Blutarmut, Leberschäden, Haut-Infektionen, Nervenentzündungen.

Bedarf: Säuglinge und Kleinkinder 0,2 – 0,4 mg (Milligramm), Jugendliche 1,4 – 2,0 mg, Erwachsene 2–2,25 mg, Schwangere und Stillende 4–5 mg täglich.

Die besten natürlichen Vitamin-B6-Spender: Bierhefe, Hafer, Hirse, Lachs, Makrele, Sardine, Soja, Walnüsse, Weizenkeime, Weizenkleie, Hühnerleber, Vollkorn-Reis.

Folsäure

Ein wasserlösliches Vitamin aus der B-Gruppe, auch *Pteroylglutaminsäure* genannt.

Funktion im Körper: wesentlich für die Blutbildung, für die Immunabwehr.

Bekannte Folgen eines Mangels: Blutarmut.

Bedarf: ca. 1 mg (Milligramm) täglich.

Die besten natürlichen Folsäure-Spender: Hefe, Wirsingkohl, Weizenkeime, Weizenkleie, Walnüsse, Spinat, Spargel, Rote Beete, Rosenkohl, Haselnüsse, Eier, Gerste, Camembertkäse.

Vitamin C

Ein wasserlösliches Vitamin, das auch *Ascorbinsäure* genannt wird.

Funktion im Körper: Aufbau von Hormonen, Aufspaltung von Stoffen, die den Organismus mit Eisen versorgen, beteiligt an vielen Stoffwechselvorgängen.

Bekannte Folgen eines Mangels: Müdigkeit, Schwäche, Entzündungen von Gaumen und Zähnen, Knochenveränderungen, Blutungen der Haut, des Darms, der Organe.

Bedarf: 50 mg (Milligramm) täglich.

Die besten natürlichen Vitamin-C-Spender: Orangen, grüne Paprika, Pampelmusen, Papaya, Rosenkohl, Brokkoli, Blumenkohl, Erdbeeren, Tomaten, Kartoffeln, Spinat, Bohnen, Brombeeren, Kirschen.

Vitamin E

Ein fettlösliches Vitamin, das auch als *Tokopherol* oder als *Antisterilitätsvitamin* bekannt ist.

Funktion im Körper: schützt und stabilisiert die Zellen, wichtigstes Anti-Krebs-Vitamin.

Bekannte Folgen eines Mangels: verkürzte Lebensdauer der roten Blutzellen, geschwächte Immunabwehr.

Bedarf: Kinder und Jugendliche 6 – 12 mg (Milligramm), Erwachsene 10 – 30 mg, Schwangere und Stillende 12 – 20 mg täglich.

Die besten natürlichen Vitamin-E-Spender: Weizenkeimöl, Sonnenblumenkerne, Mandeln, Distelöl, Maisöl, Hummer, Lachs, Blattgemüse, Eigelb, Sojabohnen, Vollkornbrot, Haferflocken.

Allgemeine Hinweise für den Umgang mit Vitaminen

Noch immer streiten sich die Wissenschaftler darüber, ob es sinnvoll ist, die notwendigen Vitamine nur über die Nahrung oder auch mit Hilfe von Tabletten aufzunehmen. Vernünftig ist sicher, die Nahrung so umzustellen, daß alle Vitamine täglich natürlich aufgenommen werden. Aber wer täglich zusätzlich ein Vitaminpräparat nimmt, ist immer auf der sicheren Seite, ist besser geschützt vor allen Mängeln.

Die wasserlöslichen Vitamine werden vom Körper wieder ausgeschieden, können also auch hochdosiert genommen werden. Anders ist es bei den fettlöslichen Vitaminen, die in zu hohen Konzentrationen durchaus schädlich sein können, in der Wirkung genau umschlagen und dann das verursachen, was sie eigentlich verhindern sollen. Daher ist es wichtig, sich bei Vitamin A und Vitamin E an die Mengen zu halten, die die Hersteller von Vitaminpräparaten empfehlen. Diese Dosierungen sind so gehalten, daß selbst die doppelte Menge nicht schadet.

Krebs. Was noch hilft (zum Beispiel Sauerstoff)

«Wir haben das Mittel gegen den Krebs.» Diese Botschaft stammt von einem Mann, den man ernst nehmen muß. Es ist der große Physiker Professor Manfred von Ardenne aus Dresden, der die Medizin durch die *Sauerstoff-Mehrschritt-Therapie* bereicherte.

Ardenne hält Krebs für ein reines Energieproblem. Er geht davon aus, daß das körpereigene Immunsystem bei der Verhütung, bei der Abwehr von Krebs besonders aktiv ist und daher besonders viel Sauerstoff verbraucht. Fehlt der Sauerstoff, ist der Krebs schließlich stärker als die Immunabwehr. Die Krankheit siegt – egal, ob der Tumor nun in der Haut, in der Brust, im Magen, im Darm oder an einer anderen Stelle des Körpers sitzt.

Ardennes Theorien werden von Schulmedizinern noch immer angezweifelt. Aber es gibt eine Vielzahl von Patienten, die mit der Sauerstoff-Therapie den Krebs besiegt haben. Ein Widerspruch? Nein. Denn Schulmediziner lehnen auch andere Therapien ab, die bei Krebs Erfolge haben: Mistel-Therapien zum Beispiel.

Was bewirkt Sauerstoff im Körper?

Sauerstoff ist der einzige Energielieferant, der uns zur Verfügung steht. Alle Lebensprozesse sind direkt abhängig von der Energie-Freisetzung, das heißt von Sauerstoff. Daher ist das Sauerstoffangebot entscheidend für die Vitalität des gesamten Organismus und jeder einzelnen seiner Milliarden Zellen. Das ist gerade beim Abwehrkampf wichtig.

Warum reicht nicht der normale Sauerstoff aus, den jeder von uns einatmet, um vor Krebs zu schützen?

Bei einem jüngeren Menschen, der körperlich aktiv ist, kraftvoll lebt und Schadstoffe – insbesondere Tabak – vermeidet, reicht der normale Sauerstoff aus. Es gibt aber Lebensumstände, unter denen der Sauerstoff nicht oder allmählich nicht mehr ausreicht. Mit dem ansteigenden Lebensalter des Menschen vermindert sich die Sauerstoffzufuhr in den Organismus. Dies hängt in erster Linie damit zusammen, daß auch die Lunge im Alter einem gewissen Verschleiß unterliegt. Das Blut wird also im Alter immer weniger gut mit Sauerstoff versorgt. Besondere Belastungen, zum Beispiel sozialer Stress in Beruf oder Familie, medizinischer Stress (Operationen, Infektionen, Unfälle) reduzieren zusätzlich die Sauerstoffabnahme. Es kommt dadurch zur Schwächung der geistigen und körperlichen Leistungsfähigkeit. Zu einer höheren Gefährdung für Herzinfarkt, Schlaganfall, Hörsturz, Netzhautablösungen etc. Und schließlich zu einer Schwächung der körpereigenen Abwehr mit ansteigender Anfälligkeit für alle Infektionskrankheiten. Und für Krebs.

Wie funktioniert eine Sauerstoff-Therapie?

Relativ einfach. Der Patient atmet über eine Maske konzentrierten Sauerstoff ein, nimmt also während der Therapie erheblich mehr Sauerstoff auf als sonst. Dadurch steigt ganz direkt der Sauerstoffgehalt im Blut. Ein Effekt, der meßbar auch noch Monate nach der Therapie anhält.

Bei welchen Krankheiten hilft Sauerstoff?

Vor allem bei allen Krankheiten, die mit der Durchblutung zu tun haben: Herzinfarkt, Raucherbein. Aber durch die bessere Sauerstoffanreicherung des Blutes auch bei allen Krankheiten, die das Immunsystem bekämpft: Krebs, Rheuma, Allergien.

Zahlen die Kassen die Behandlung?

In der Regel nicht. Die Sauerstoff-Therapie gilt als vorbeugende Maßnahme.

Wer bietet die Sauerstoff-Therapie an?

Vor allem Kliniken für Naturheilkunde, Ärzte für Naturheilkunde und Heilpraktiker. Nach Prof. Ardenne behandeln in der Bundesrepublik derzeit etwa 700 Mediziner. Die längste Erfahrung hat das Deutsche Zentrum für Sauerstoff-Therapie in Bad Füssing.

Wann ist Sauerstoff sinnvoll?

Vor allem bei Krebs, aber auch bei allen Formen von krankhaften Durchblutungsstörungen, z. B.:

- Störungen an Armen und Beinen, wie Raucherbein etc.
- Angina pectoris
- sog. Herzkranz-Gefäß-Durchblutungsstörungen
- Gehirndurchblutungsstörungen mit der üblichen Symptomatik bei Kurzzeitgedächtnis, eingeschränkter Merkfähigkeit, eingeschränkter Konzentrations- und Reaktionsfähigkeit
- nach Herzinfarkt, Gehirnschlag oder Hörsturz
- bei chronischen Lebererkrankungen, wie zum Beispiel Fettleber, und bei Frühzuständen von Zirrhose nach Alkoholmißbrauch
- bei allgemeiner körperlicher und geistiger Leistungsschwäche
- bei Neigung zu Infektionskrankheiten
- bei Migräne oder bei durchblutungsbedingten Kopfschmerzen

Ist der Erfolg meßbar?

Ja. Das Wohlbefinden der Patienten steigt sofort. Und physikalisch meßbar ist ein Anstieg des arteriellen Sauerstoffgehaltes im Blut sowie eine meßbar verbesserte Sauerstoffnutzung im Gewebe, die manchmal bis zu einem Jahr nach der Therapie anhält. Vorausgesetzt, der Patient lebt vernünftig, raucht und trinkt wenig, treibt wenigstens einmal die Woche Sport.

Wie lange dauert eine Sauerstoff-Therapie?

Es gibt verschiedene Methoden der Therapie. Die klassische Mehrschritt-Therapie nach Ardenne, bei der Bewegung auf dem Trimmrad und Sauerstoff-Inhalation abwechseln, dauert bis zu sechs Wochen.

Sehr viel kürzer, deswegen aber nicht weniger effektiv, sind sogenannte Aktiv-Kuren, wie sie am Deutschen Zentrum für Sauerstoff-Therapie in Bad Füssing entwickelt wurden. Solche Aktiv-Kuren dauern nur fünf Tage.

Kann man eine Sauerstoff-Therapie auch daheim machen?

Ja. Es gibt einige Heimgeräte auf dem Markt. Aber zumindest bei der ersten Kur sollte man sich einem Fachmann für Sauerstoff anvertrauen. Zwar sind keine Nebenwirkungen der Sauerstoff-Therapie bekannt. Aber die Wirkung der Therapie kann durch spezielle Sportprogramme, durch spezielle Vitamin- und Mineralienzufuhr erheblich gesteigert werden. Der Nutzen einer Therapie beim Fachmann ist daher meist sehr viel größer.

Was sagen Krebs-Patienten zur Sauerstoff-Therapie?

In aller Regel nur Positives. Zwei Beispiele: Helga M., 45, hatte Brustkrebs, wurde in Hamburg operiert. Sie machte die Sauerstoff-Therapie begleitend zur Chemo-Therapie. Das hatten ihr die Ärzte geraten. Die Frau sagt: «Ich fühlte mich nach der Operation entsetzlich schwach und hatte wohl auch wegen meiner angeschlagenen Psyche kaum noch Abwehrkräfte. Schon nach den ersten zwei Behandlungen mit Sauerstoff fühlte ich mich wohler, wurde vitaler. Ich habe die Chemotherapie ganz gut überstanden, hatte längst nicht so viele Nebenwirkungen wie die anderen Frauen, die ich in der Klinik bei den Behandlungen traf.» Peter K., 56, hatte Prostata-Krebs. Er machte die Sauerstoff-Therapie vor dem notwendigen chirurgischen Eingriff. Er erinnert sich: «Als ich vor der Operation noch einmal richtig untersucht wurde, waren die Ärzte ganz perplex. Mein Geschwür war in nur drei Wochen um gut die Hälfte geschrumpft. Ich nehme an, durch den Sauerstoff, denn etwas anderes habe ich ja nicht gemacht. Die Operation war weit weniger umfangreich, als von den Ärzten erwartet worden war. Und was die Ärzte auch verblüffte, war meine Vitalität nach dem Eingriff. Schon drei Tage nach der Entfernung des Geschwürs war ich wieder fit, wollte heim.»

Gibt es Therapien, die die Sauerstoff-Therapie unterstützen?

Ja. Vor allem durch eine vernünftige Ernährung. Aber auch durch Eigenblutbehandlungen, durch Thymus- und Mistel-Therapien. Zur Verbesserung der Immunabwehr empfiehlt sich auch eine Colonics-Therapie, bei der der Darm saniert wird. Der Darm ist nach allen neueren wissenschaftlichen Erkenntnissen das wichtigste Organ des körpereigenen Immunsystems.

Krebs. Was Sie noch wissen sollten

Die wichtigsten Warnzeichen

Es gibt Hinweise auf die Krankheit Krebs, zum Beispiel

- weiße, zur Verhornung neigende Flecken auf der Mund-, Rachen- und Genitalschleimhaut
- Blut im Stuhl, im Urin oder im Auswurf aus der Lunge
- hartnäckiger trockener Husten oder Raucherbronchitis
- unerklärlich heisere Stimme
- Knoten in der Brust
- unerklärlich deutlicher Gewichtsverlust, plötzliche Abneigung gegen Fleisch

- scheinbar grundlose Depression und Antriebsschwäche
- auffallende Hautveränderungen, zunehmende pigmentierte Flecken oder erhabene Hautwarzen, etwa an der Schläfe, Stirn oder Nase, also an stark der Sonne ausgesetzten Stellen,
- Gürtelrose (Herpes zoster)
- bestimmte Arten von Venenentzündungen (Phlebitis migrans).

Die wichtigsten Hilfsorganisationen

Deutsche Krebshilfe e. V.
Thomas-Mann-Str. 40
5300 Bonn 1

Landesverbände:

Krebsverband Baden-Württemberg
Adalbert-Stifter-Str. 105
7000 Stuttgart 40

Bayrische Krebsgesellschaft
Tumblinger Str. 4
8000 München 2

Landesverband Berlin
Königsberger Str. 36 a
1000 Berlin 45

Landesverband Bremen
Contrescarpe 8 a
2800 Bremen

Landesverband Hamburg
Besenbinderhof 41
2000 Hamburg

Hessische Krebsgesellschaft
Grafenstr. 9
6100 Darmstadt

Landesverband Niedersachsen
Ellerstr. 36
3000 Hannover 1

Krebsgesellschaft Nordrhein-Westfalen
Ketwiger Str. 6
4000 Düsseldorf

Krebsgesellschaft Rheinland-Pfalz
Schloßstr. 8
5400 Koblenz

Landesverband Saarland für
Krebsbekämpfung und Krebsforschung
6650 Homburg/Saar

Schleswig-Holsteinische Krebsgesellschaft
Flämische Str. 6–10
2300 Kiel

Gesellschaft für Biologische Krebsabwehr
Postfach 10 25 49
6900 Heidelberg

Regionale Arbeitskreise:

Arbeitskreis Nord
Werfelring 40
2000 Hamburg 71

Arbeitskreis West
An der Fließwiese 56
1000 Berlin 19

Arbeitskreis Süd
Widenmayerstr. 43
8000 München 22

Deutsche Krebsgesellschaft
Paul-Ehrlich-Str. 41
6000 Frankfurt/M. 70

Deutsches Krebsforschungszentrum
Im Neuenheimer Feld 280
6900 Heidelberg

Gesellschaft anthroposophischer Ärzte
Postfach 75 02 21
7000 Stuttgart

Verein für Leukämie und Krebstherapie
Hofgut Fischermühle
7463 Rosenfeld

Thymus-Informationsdienst
Schmiedestr. 9
3388 Bad Harzburg

Deutsche Gesellschaft für Onkologie
Sedanstr. 21
3000 Hannover 1

Deutsches Zentrum für Sauerstoff-Therapie
Beethovenstr. 1
8397 Bad Füssing